Fermentations

Gourmandes

200

Recettes

Pour

Éveiller vos Papilles

"Succombez aux Saveurs Vivantes : 200 Recettes de Fermentation pour une Cuisine Éclatante de Probiotiques et d'Innovation Culinaire"

Louise Lina

Table des matières

Chapitre 5 : Aliments fermentés Pain au levain 84

Introduction

Explorez l'art captivant de la fermentation avec notre livre de recettes, "Fermentations Gourmandes", un compendium de 200 délices culinaires qui transforment des ingrédients simples en chefs-d'œuvre vivants. Plongez dans l'univers des saveurs fermentées avec des recettes soigneusement sélectionnées, comprenant :

Légumes Fermentés : Des cornichons piquants aux choux fermentés, apprenez à préparer des accompagnements croquants et pleins de probiotiques qui apportent une touche dynamique à vos repas.

Sauces Fermentées : Des condiments exquis aux sauces épicées, découvrez comment la fermentation peut intensifier les saveurs et transformer vos plats préférés en expériences gustatives exceptionnelles.

Produits Laitiers Fermentés : Du yaourt crémeux au fromage artisanal, plongez dans le monde des produits laitiers fermentés pour une expérience riche en goût et en bienfaits nutritionnels.

Fruits Fermentés : Des confitures acidulées aux fruits macérés, ajoutez une dimension sucrée à vos repas avec des fruits fermentés, équilibrant santé et délectation.

Pain au Levain : Maîtrisez l'art ancien de la boulangerie avec des recettes de pains au levain, des baguettes croustillantes aux miches savoureuses.

Viande Fermentée : Des saucisses aromatiques aux marinades exquises, découvrez comment la fermentation peut sublimer les saveurs de vos viandes préférées.

Poisson Fermenté : Explorez des recettes uniques pour donner une nouvelle vie à vos poissons préférés, créant des plats aussi délicieux que nutritifs.

"Fermentations Gourmandes" est bien plus qu'un livre de recettes, c'est une invitation à explorer la diversité des fermentations dans votre cuisine. Avec des instructions claires, et 200 recettes inspirantes, ce livre deviendra votre compagnon indispensable pour créer des repas délicieusement fermentés. Laissez-vous emporter par une aventure culinaire unique avec "Fermentations Gourmandes".

Chapitre 1

Aliments fermentés – Légumes

Ail fermenté

Temps de préparation: 15 minutes | Temps de fermentation: Environ 3 semaines | Portions: Variable

Ingrédients :
- 1 tête d'ail
- Sel de mer
- Eau

Instructions :
1. Séparez les gousses d'ail de la tête en conservant la peau extérieure.
2. Placez les gousses d'ail dans un bocal en verre propre et sec.
3. Préparez une saumure en mélangeant 1 litre d'eau avec 2 cuillères à soupe de sel de mer. Assurez-vous que le sel soit bien dissous.
4. Versez la saumure sur les gousses d'ail dans le bocal, en veillant à ce qu'elles soient complètement immergées.
5. Placez un poids ou une petite assiette sur les gousses d'ail pour les maintenir submergées.
6. Fermez le bocal, mais n'en serrez pas complètement le couvercle pour permettre à l'air de s'échapper pendant la fermentation.
7. Laissez le bocal à température ambiante, à l'abri de la lumière directe du soleil, pendant environ 3 semaines.
8. Après la période de fermentation, l'ail aura une saveur plus douce et sera prêt à être utilisé dans vos plats préférés.

Conseil: L'ail fermenté est excellent pour assaisonner divers plats. Vous pouvez l'utiliser dans des sauces, des marinades, ou simplement le déguster tel quel.

Asperges fermentées

Temps de préparation: 20 minutes | Temps de fermentation: Environ 1 à 2 semaines

Ingrédients :
- Asperges fraîches
- Sel de mer
- Eau

Instructions :
1. Lavez soigneusement les asperges fraîches et retirez les extrémités dures.
2. Placez les asperges dans un bocal en verre propre et sec, en les plaçant debout.
3. Préparez une saumure en mélangeant 1 litre d'eau avec 2 cuillères à soupe de sel de mer. Assurez-vous que le sel soit bien dissous.
4. Versez la saumure sur les asperges dans le bocal, en veillant à ce qu'elles soient complètement immergées.
5. Placez un poids ou une petite assiette sur les asperges pour les maintenir submergées.
6. Fermez le bocal, mais n'en serrez pas complètement le couvercle pour permettre à l'air de s'échapper pendant la fermentation.
7. Laissez le bocal à température ambiante, à l'abri de la lumière directe du soleil, pendant environ 1 à 2 semaines.
8. Une fois les asperges fermentées à votre goût, vous pouvez les conserver au réfrigérateur.

Conseil: Les asperges fermentées sont un excellent ajout aux plateaux de crudités, aux salades, ou en accompagnement. Elles apportent une saveur unique et acidulée.

Aubergines à l'ail fermentées

Temps de préparation: 30 minutes | Temps de fermentation: Environ 1 à 2 semaines | Portions: Variable

Ingrédients :

- Aubergines
- Gousses d'ail
- Sel de mer
- Eau

Instructions :

1. Lavez et coupez les aubergines en morceaux ou en tranches selon votre préférence.
2. Épluchez les gousses d'ail.
3. Placez les aubergines et les gousses d'ail dans un bocal en verre propre et sec.
4. Préparez une saumure en mélangeant 1 litre d'eau avec 2 cuillères à soupe de sel de mer. Assurez-vous que le sel soit bien dissous.
5. Versez la saumure sur les aubergines et l'ail dans le bocal, en veillant à ce qu'ils soient complètement immergés.
6. Placez un poids ou une petite assiette sur les aubergines pour les maintenir submergées.
7. Fermez le bocal, mais n'en serrez pas complètement le couvercle pour permettre à l'air de s'échapper pendant la fermentation.
8. Laissez le bocal à température ambiante, à l'abri de la lumière directe du soleil, pendant environ 1 à 2 semaines.
9. Une fois les aubergines à l'ail fermentées à votre goût, vous pouvez les conserver au réfrigérateur.

Conseil: Les aubergines à l'ail fermentées sont délicieuses en tant que condiment ou en accompagnement. Leur saveur acidulée et leur texture ferme les rendent polyvalentes dans de nombreux plats.

Aubergines fermentées

Temps de préparation: 30 minutes | Temps de fermentation: Environ 1 à 2 semaines | Portions: Variable

Ingrédients :

- Aubergines
- Sel de mer
- Eau

Instructions :

1. Lavez et coupez les aubergines en morceaux ou en tranches selon votre préférence.
2. Placez les aubergines dans un bocal en verre propre et sec.
3. Préparez une saumure en mélangeant 1 litre d'eau avec 2 cuillères à soupe de sel de mer. Assurez-vous que le sel soit bien dissous.
4. Versez la saumure sur les aubergines dans le bocal, en veillant à ce qu'elles soient complètement immergées.
5. Placez un poids ou une petite assiette sur les aubergines pour les maintenir submergées.
6. Fermez le bocal, mais n'en serrez pas complètement le couvercle pour permettre à l'air de s'échapper pendant la fermentation.
7. Laissez le bocal à température ambiante, à l'abri de la lumière directe du soleil, pendant environ 1 à 2 semaines.
8. Une fois les aubergines fermentées à votre goût, vous pouvez les conserver au réfrigérateur.

Conseil: Les aubergines fermentées sont un délicieux ajout à vos plats. Elles sont polyvalentes et peuvent être utilisées dans des salades, des sandwiches, ou comme garniture pour les plats principaux.

Betteraves fermentées au gingembre

Temps de préparation: 20 minutes | Temps de fermentation: Environ 1 à 2 semaines | Portions: Variable

Ingrédients :

- Betteraves fraîches
- Gingembre frais
- Sel de mer
- Eau

Instructions :

1. Lavez, épluchez et coupez les betteraves en morceaux ou en tranches selon votre préférence.
2. Épluchez et râpez le gingembre frais.
3. Placez les betteraves et le gingembre râpé dans un bocal en verre propre et sec.
4. Préparez une saumure en mélangeant 1 litre d'eau avec 2 cuillères à soupe de sel de mer. Assurez-vous que le sel soit bien dissous.
5. Versez la saumure sur les betteraves et le gingembre dans le bocal, en veillant à ce qu'ils soient complètement immergés.
6. Placez un poids ou une petite assiette sur les betteraves pour les maintenir submergées.
7. Fermez le bocal, mais n'en serrez pas complètement le couvercle pour permettre à l'air de s'échapper pendant la fermentation.
8. Laissez le bocal à température ambiante, à l'abri de la lumière directe du soleil, pendant environ 1 à 2 semaines.
9. Une fois les betteraves fermentées au gingembre à votre goût, vous pouvez les conserver au réfrigérateur.

Conseil: Les betteraves fermentées au gingembre sont un accompagnement délicieux et sain. Elles apportent une saveur légèrement piquante et acidulée à vos repas.

Carottes Fermentées

Temps de préparation : 20 minutes | Temps de fermentation : 3 à 7 jours

Ingrédients :
- Carottes (quantité selon votre préférence)
- Sel de mer
- Eau sans chlore

Matériel nécessaire :
- Un bocal en verre propre avec couvercle
- Un poids pour maintenir les carottes immergées

Instructions :
1. Lavez soigneusement les carottes et épluchez-les si nécessaire. Coupez-les en bâtonnets, en rondelles ou en tout autre format de votre choix.
2. Préparez une saumure en mélangeant 1 litre d'eau avec 20 à 30 g de sel de mer, en veillant à bien dissoudre le sel.
3. Placez les morceaux de carottes dans le bocal en verre et versez la saumure sur les carottes pour les couvrir complètement.
4. Placez un poids propre sur les carottes pour les maintenir immergées dans la saumure.
5. Fermez le bocal avec un couvercle, mais ne serrez pas trop.
6. Laissez le bocal à température ambiante dans un endroit sombre pendant 3 à 7 jours. Les carottes commenceront à fermenter, et vous pouvez goûter régulièrement pour déterminer le degré de fermentation qui vous convient.
7. Une fois que les carottes ont atteint la saveur désirée, retirez le poids, fermez hermétiquement le bocal et réfrigérez les carottes fermentées. La réfrigération ralentira le processus de fermentation.

Carottes à la coriandre et au cumin fermentées

Temps de préparation: 20 minutes | Temps de fermentation: Environ 1 à 2 semaines | Portions: Variable

Ingrédients :
- Carottes
- Graines de coriandre
- Graines de cumin
- Sel de mer
- Eau

Instructions :
1. Épluchez et lavez les carottes, puis coupez-les en bâtonnets ou en rondelles selon votre préférence.
2. Dans un mortier, écrasez légèrement les graines de coriandre et de cumin pour libérer leurs saveurs.
3. Placez les carottes dans un bocal en verre propre et sec.
4. Saupoudrez les graines de coriandre et de cumin écrasées sur les carottes.
5. Préparez une saumure en mélangeant 1 litre d'eau avec 2 cuillères à soupe de sel de mer. Assurez-vous que le sel soit bien dissous.
6. Versez la saumure sur les carottes et les épices dans le bocal, en veillant à ce qu'ils soient complètement immergés.
7. Placez un poids ou une petite assiette sur les carottes pour les maintenir submergées.
8. Fermez le bocal, mais n'en serrez pas complètement le couvercle pour permettre à l'air de s'échapper pendant la fermentation.
9. Laissez le bocal à température ambiante, à l'abri de la lumière directe du soleil, pendant environ 1 à 2 semaines.
10. Une fois les carottes à la coriandre et au cumin fermentées à votre goût, vous pouvez les conserver au réfrigérateur. **Conseil**: Les carottes à la coriandre et au cumin fermentées sont un accompagnement délicieux avec une saveur épicée. Elles se marient bien avec d'autres plats.

Carottes et chou-fleur fermentés

Temps de préparation: 20 minutes | Temps de fermentation: Environ 1 à 2 semaines | Portions: Variable

Ingrédients :

- Carottes
- Chou-fleur
- Sel de mer
- Eau

Instructions :

1. Lavez et coupez les carottes et le chou-fleur en morceaux ou en petits bouquets selon votre préférence.
2. Placez les carottes et le chou-fleur dans un bocal en verre propre et sec.
3. Préparez une saumure en mélangeant 1 litre d'eau avec 2 cuillères à soupe de sel de mer. Assurez-vous que le sel soit bien dissous.
4. Versez la saumure sur les carottes et le chou-fleur dans le bocal, en veillant à ce qu'ils soient complètement immergés.
5. Placez un poids ou une petite assiette sur les légumes pour les maintenir submergés.
6. Fermez le bocal, mais n'en serrez pas complètement le couvercle pour permettre à l'air de s'échapper pendant la fermentation.
7. Laissez le bocal à température ambiante, à l'abri de la lumière directe du soleil, pendant environ 1 à 2 semaines.
8. Une fois les carottes et le chou-fleur fermentés à votre goût, vous pouvez les conserver au réfrigérateur.

Conseil: Les carottes et le chou-fleur fermentés sont un excellent mélange croquant et acidulé. Ils peuvent être servis en apéritif ou utilisés comme garniture dans divers plats.

Chou-fleur fermenté

Temps de préparation: 20 minutes | Temps de fermentation: Environ 1 à 2 semaines | Portions: Variable

Ingrédients :

- Chou-fleur
- Sel de mer
- Eau

Instructions :

1. Lavez et coupez le chou-fleur en petits bouquets.
2. Placez le chou-fleur dans un bocal en verre propre et sec.
3. Préparez une saumure en mélangeant 1 litre d'eau avec 2 cuillères à soupe de sel de mer. Assurez-vous que le sel soit bien dissous.
4. Versez la saumure sur le chou-fleur dans le bocal, en veillant à ce qu'il soit complètement immergé.
5. Placez un poids ou une petite assiette sur le chou-fleur pour le maintenir submergé.
6. Fermez le bocal, mais n'en serrez pas complètement le couvercle pour permettre à l'air de s'échapper pendant la fermentation.
7. Laissez le bocal à température ambiante, à l'abri de la lumière directe du soleil, pendant environ 1 à 2 semaines.
8. Une fois le chou-fleur fermenté à votre goût, vous pouvez le conserver au réfrigérateur.

Conseil: Le chou-fleur fermenté est un excellent condiment ou une garniture pour les salades. Sa saveur acidulée ajoute de la dimension à vos plats.

Chou vert râpé fermenté

Temps de préparation: 20 minutes | Temps de fermentation: Environ 1 à 2 semaines | Portions: Variable

Ingrédients :
- Chou vert
- Sel de mer
- Eau

Instructions :
1. Lavez le chou vert et retirez les feuilles extérieures.
2. Râpez le chou vert finement.
3. Placez le chou vert râpé dans un grand bol.
4. Saupoudrez le sel de mer sur le chou vert râpé et mélangez-le pour bien l'incorporer. Laissez reposer pendant environ 10 minutes pour permettre au sel d'extraire l'excès d'eau du chou vert.
5. Après 10 minutes, pressez le chou vert râpé pour éliminer autant d'eau que possible.
6. Placez le chou vert râpé pressé dans un bocal en verre propre et sec.
7. Fermez le bocal, mais n'en serrez pas complètement le couvercle pour permettre à l'air de s'échapper pendant la fermentation.
8. Laissez le bocal à température ambiante, à l'abri de la lumière directe du soleil, pendant environ 1 à 2 semaines.
9. Une fois le chou vert râpé fermenté à votre goût, vous pouvez le conserver au réfrigérateur.

Conseil: Le chou vert râpé fermenté est idéal pour les salades, les sandwiches, ou pour ajouter une saveur acidulée aux plats.

Choucroute fermentée

Temps de préparation: 30 minutes | Temps de fermentation: Environ 2 à 6 semaines | Portions: Variable

Ingrédients :
- Chou blanc
- Sel de mer
- Eau

Instructions :
1. Lavez le chou blanc et retirez les feuilles extérieures.
2. Coupez le chou en quartiers et retirez le cœur dur.
3. Râpez finement le chou ou coupez-le en fines lamelles.
4. Placez le chou râpé dans un grand bol.
5. Saupoudrez le sel de mer sur le chou râpé et mélangez-le pour bien l'incorporer. Laissez reposer pendant environ 15 à 20 minutes pour permettre au sel d'extraire l'excès d'eau du chou.
6. Après le repos, pressez le chou râpé pour éliminer autant d'eau que possible.
7. Placez le chou râpé pressé dans un bocal en verre propre et sec.
8. Fermez le bocal, mais n'en serrez pas complètement le couvercle pour permettre à l'air de s'échapper pendant la fermentation.
9. Laissez le bocal à température ambiante, à l'abri de la lumière directe du soleil, pendant environ 2 à 6 semaines. Plus la fermentation dure longtemps, plus la saveur sera prononcée.
10. Une fois la choucroute fermentée à votre goût, vous pouvez la conserver au réfrigérateur.

Conseil: La choucroute fermentée est un accompagnement classique, délicieux avec des saucisses, dans des sandwichs, ou en tant que garniture pour de nombreux plats.

Choucroute au carvi fermentée

Temps de préparation: 30 minutes | Temps de fermentation: Environ 2 à 6 semaines | Portions: Variable

Ingrédients :

- Chou blanc
- Carvi (graines de cumin)
- Sel de mer
- Eau

Instructions :

1. Lavez le chou blanc et retirez les feuilles extérieures.
2. Coupez le chou en quartiers et retirez le cœur dur.
3. Râpez finement le chou ou coupez-le en fines lamelles.
4. Placez le chou râpé dans un grand bol.
5. Ajoutez les graines de carvi au chou râpé.
6. Saupoudrez le sel de mer sur le mélange chou-carvi et mélangez-le pour bien l'incorporer. Laissez reposer pendant environ 15 à 20 minutes pour permettre au sel d'extraire l'excès d'eau du chou.
7. Après le repos, pressez le mélange chou-carvi pour éliminer autant d'eau que possible.
8. Placez le mélange chou-carvi pressé dans un bocal en verre propre et sec.
9. Fermez le bocal, mais n'en serrez pas complètement le couvercle pour permettre à l'air de s'échapper pendant la fermentation.
10. Laissez le bocal à température ambiante, à l'abri de la lumière directe du soleil, pendant environ 2 à 6 semaines. Plus la fermentation dure longtemps, plus la saveur sera prononcée.
11. Une fois la choucroute au carvi fermentée à votre goût, vous pouvez la conserver au réfrigérateur.

Conseil: La choucroute au carvi fermentée est un accompagnement délicieux et parfumé, idéal pour accompagner des saucisses, des plats de viande ou en tant que garniture.

Choucroute à la pomme fermentée

Temps de préparation: 30 minutes | Temps de fermentation: Environ 2 à 6 semaines | Portions: Variable

Ingrédients :

- Chou blanc
- Pommes
- Sel de mer
- Eau

Instructions :

1. Lavez le chou blanc et retirez les feuilles extérieures.
2. Coupez le chou en quartiers et retirez le cœur dur.
3. Râpez finement le chou ou coupez-le en fines lamelles.
4. Lavez, épluchez et râpez les pommes.
5. Mélangez le chou râpé et les pommes râpées dans un grand bol.
6. Saupoudrez le sel de mer sur le mélange chou-pomme et mélangez-le pour bien l'incorporer. Laissez reposer pendant environ 15 à 20 minutes pour permettre au sel d'extraire l'excès d'eau du chou et des pommes.
7. Après le repos, pressez le mélange chou-pomme pour éliminer autant d'eau que possible.
8. Placez le mélange chou-pomme pressé dans un bocal en verre propre et sec.
9. Fermez le bocal, mais n'en serrez pas complètement le couvercle pour permettre à l'air de s'échapper pendant la fermentation.
10. Laissez le bocal à température ambiante, à l'abri de la lumière directe du soleil, pendant environ 2 à 6 semaines. Plus la fermentation dure longtemps, plus la saveur sera prononcée.
11. Une fois la choucroute à la pomme fermentée à votre goût, vous pouvez la conserver au réfrigérateur.

Conseil : La choucroute à la pomme fermentée est un accompagnement délicieusement sucré et acidulé, parfait pour accompagner des saucisses, des plats de viande ou en tant que garniture.

Choucroute aux baies de genièvre fermentée

Temps de préparation: 30 minutes | Temps de fermentation: Environ 2 à 6 semaines | Portions: Variable

Ingrédients :
- Chou blanc
- Baies de genièvre
- Sel de mer
- Eau

Instructions :
1. Lavez le chou blanc et retirez les feuilles extérieures.
2. Coupez le chou en quartiers et retirez le cœur dur.
3. Râpez finement le chou ou coupez-le en fines lamelles.
4. Placez le chou râpé dans un grand bol.
5. Écrasez légèrement les baies de genièvre pour libérer leur saveur, puis ajoutez-les au chou râpé.
6. Saupoudrez le sel de mer sur le mélange chou-genièvre et mélangez-le pour bien l'incorporer. Laissez reposer pendant environ 15 à 20 minutes pour permettre au sel d'extraire l'excès d'eau du chou.
7. Après le repos, pressez le mélange chou-genièvre pour éliminer autant d'eau que possible.
8. Placez le mélange chou-genièvre pressé dans un bocal en verre propre et sec.
9. Fermez le bocal, mais n'en serrez pas complètement le couvercle pour permettre à l'air de s'échapper pendant la fermentation.
10. Laissez le bocal à température ambiante, à l'abri de la lumière directe du soleil, pendant environ 2 à 6 semaines. Plus la fermentation dure longtemps, plus la saveur sera prononcée.
11. Une fois la choucroute aux baies de genièvre fermentée à votre goût, vous pouvez la conserver au réfrigérateur.

Conseil : La choucroute aux baies de genièvre fermentée est un accompagnement savoureux, idéal pour accompagner des plats de viande, des saucisses.

Choucroute aux carottes fermentée

Temps de préparation: 30 minutes | Temps de fermentation: Environ 2 à 6 semaines | Portions: Variable

Ingrédients :
- Chou blanc
- Carottes
- Sel de mer
- Eau

Instructions :
1. Lavez le chou blanc et retirez les feuilles extérieures.
2. Coupez le chou en quartiers et retirez le cœur dur.
3. Râpez finement le chou ou coupez-le en fines lamelles.
4. Lavez, épluchez et râpez les carottes.
5. Mélangez le chou râpé et les carottes râpées dans un grand bol.
6. Saupoudrez le sel de mer sur le mélange chou-carottes et mélangez-le pour bien l'incorporer. Laissez reposer pendant environ 15 à 20 minutes pour permettre au sel d'extraire l'excès d'eau du chou et des carottes.
7. Après le repos, pressez le mélange chou-carottes pour éliminer autant d'eau que possible.
8. Placez le mélange chou-carottes pressé dans un bocal en verre propre et sec.
9. Fermez le bocal, mais n'en serrez pas complètement le couvercle pour permettre à l'air de s'échapper pendant la fermentation.
10. Laissez le bocal à température ambiante, à l'abri de la lumière directe du soleil, pendant environ 2 à 6 semaines. Plus la fermentation dure longtemps, plus la saveur sera prononcée.
11. Une fois la choucroute aux carottes fermentée à votre goût, vous pouvez la conserver au réfrigérateur.

Conseil: La choucroute aux carottes fermentée est une combinaison délicieuse, offrant une saveur douce et croquante. Elle peut être utilisée pour accompagner une variété de plats.

Choucroute aux herbes fermentée

Temps de préparation: 30 minutes | Temps de fermentation: Environ 2 à 6 semaines | Portions: Variable

Ingrédients :

- Chou blanc
- Herbes (telles que l'aneth, la ciboulette, le persil)
- Sel de mer
- Eau

Instructions :

1. Lavez le chou blanc et retirez les feuilles extérieures.
2. Coupez le chou en quartiers et retirez le cœur dur.
3. Râpez finement le chou ou coupez-le en fines lamelles.
4. Lavez et hachez les herbes fraîches de votre choix (aneth, ciboulette, persil, etc.).
5. Mélangez le chou râpé et les herbes hachées dans un grand bol.
6. Saupoudrez le sel de mer sur le mélange chou-herbes et mélangez-le pour bien l'incorporer. Laissez reposer pendant environ 15 à 20 minutes pour permettre au sel d'extraire l'excès d'eau du chou et des herbes.
7. Après le repos, pressez le mélange chou-herbes pour éliminer autant d'eau que possible.
8. Placez le mélange chou-herbes pressé dans un bocal en verre propre et sec.
9. Fermez le bocal, mais n'en serrez pas complètement le couvercle pour permettre à l'air de s'échapper pendant la fermentation.
10. Laissez le bocal à température ambiante, à l'abri de la lumière directe du soleil, pendant environ 2 à 6 semaines. Plus la fermentation dure longtemps, plus la saveur sera prononcée.
11. Une fois la choucroute aux herbes fermentée à votre goût, vous pouvez la conserver au réfrigérateur.

Conseil: La choucroute aux herbes fermentée est une option parfumée et rafraîchissante, idéale pour accompagner des plats légers et des poissons.

Choucroute au curry fermentée

Temps de préparation: 30 minutes | Temps de fermentation: Environ 2 à 6 semaines | Portions: Variable

Ingrédients :

- Chou blanc
- Curry en poudre
- Sel de mer
- Eau

Instructions :

1. Lavez le chou blanc et retirez les feuilles extérieures.
2. Coupez le chou en quartiers et retirez le cœur dur.
3. Râpez finement le chou ou coupez-le en fines lamelles.
4. Dans un grand bol, mélangez le chou râpé avec la quantité souhaitée de curry en poudre.
5. Saupoudrez le sel de mer sur le mélange chou-curry et mélangez-le pour bien l'incorporer. Laissez reposer pendant environ 15 à 20 minutes pour permettre au sel d'extraire l'excès d'eau du chou.
6. Après le repos, pressez le mélange chou-curry pour éliminer autant d'eau que possible.
7. Placez le mélange chou-curry pressé dans un bocal en verre propre et sec.
8. Fermez le bocal, mais n'en serrez pas complètement le couvercle pour permettre à l'air de s'échapper pendant la fermentation.
9. Laissez le bocal à température ambiante, à l'abri de la lumière directe du soleil, pendant environ 2 à 6 semaines. Plus la fermentation dure longtemps, plus la saveur sera prononcée.
10. Une fois la choucroute au curry fermentée à votre goût, vous pouvez la conserver au réfrigérateur.

Conseil: La choucroute au curry fermentée est une option épicée et parfumée, idéale pour ajouter une touche de saveur à vos plats.

Chou-rave fermenté

Temps de préparation: 30 minutes | Temps de fermentation: Environ 2 à 6 semaines | Portions: Variable

Ingrédients :
- Chou-rave
- Sel de mer
- Eau

Instructions :
1. Pelez le chou-rave et coupez-le en fines lamelles ou en petits morceaux.
2. Placez le chou-rave dans un grand bol.
3. Saupoudrez le sel de mer sur le chou-rave et mélangez pour bien l'incorporer. Laissez reposer pendant environ 15 à 20 minutes pour permettre au sel d'extraire l'excès d'eau du chou-rave.
4. Après le repos, pressez le chou-rave pour éliminer autant d'eau que possible.
5. Placez le chou-rave pressé dans un bocal en verre propre et sec.
6. Fermez le bocal, mais n'en serrez pas complètement le couvercle pour permettre à l'air de s'échapper pendant la fermentation.
7. Laissez le bocal à température ambiante, à l'abri de la lumière directe du soleil, pendant environ 2 à 6 semaines. Plus la fermentation dure longtemps, plus la saveur sera prononcée.
8. Une fois le chou-rave fermenté à votre goût, vous pouvez le conserver au réfrigérateur.

Conseil: Le chou-rave fermenté est un accompagnement croquant et légèrement acidulé, parfait pour les salades, les sandwiches, ou en tant que garniture.

Cornichons fermentés

Temps de préparation: 20 minutes | Temps de fermentation: Environ 1 à 2 semaines | Portions: Variable

Ingrédients :
- Cornichons frais
- Aneth frais (tiges et feuilles)
- Grains de poivre noir
- Ail
- Eau
- Sel de mer

Instructions :
1. Lavez soigneusement les cornichons frais.
2. Placez les cornichons dans un grand bocal en verre propre et sec.
3. Ajoutez les tiges et les feuilles d'aneth, quelques grains de poivre noir, et des gousses d'ail pelées dans le bocal avec les cornichons.
4. Dans une autre grande jarre ou bol, préparez une saumure en dissolvant 1 à 2 cuillères à soupe de sel de mer dans 1 litre d'eau. Assurez-vous que le sel est complètement dissous.
5. Versez la saumure sur les cornichons et les autres ingrédients dans le bocal. Assurez-vous que les cornichons sont complètement immergés dans la saumure.
6. Fermez le bocal, mais n'en serrez pas complètement le couvercle pour permettre à l'air de s'échapper pendant la fermentation.
7. Laissez le bocal à température ambiante, à l'abri de la lumière directe du soleil, pendant environ 1 à 2 semaines. Plus la fermentation dure longtemps, plus les cornichons seront aigres.
8. Une fois les cornichons fermentés à votre goût, vous pouvez les conserver au réfrigérateur.

Conseil: Les cornichons fermentés sont parfaits en accompagnement, dans les sandwiches ou en tant que collation saine et acidulée.

Cornichons à l'ail fermentés

Temps de préparation: 20 minutes | Temps de fermentation: Environ 1 à 2 semaines | Portions: Variable

Ingrédients :

- Cornichons frais
- Gousses d'ail
- Eau
- Sel de mer

Instructions :

1. Lavez soigneusement les cornichons frais.
2. Placez les cornichons dans un grand bocal en verre propre et sec.
3. Épluchez les gousses d'ail
4. Ajoutez les gousses d'ail dans le bocal avec les cornichons.
5. Dans une autre grande jarre ou bol, préparez une saumure en dissolvant 1 à 2 cuillères à soupe de sel de mer dans 1 litre d'eau. Assurez-vous que le sel est complètement dissous.
6. Versez la saumure sur les cornichons et l'ail dans le bocal. Assurez-vous que les cornichons sont complètement immergés dans la saumure.
7. Fermez le bocal, mais n'en serrez pas complètement le couvercle pour permettre à l'air de s'échapper pendant la fermentation.
8. Laissez le bocal à température ambiante, à l'abri de la lumière directe du soleil, pendant environ 1 à 2 semaines. Plus la fermentation dure longtemps, plus les cornichons seront aigres.
9. Une fois les cornichons à l'ail fermentés à votre goût, vous pouvez les conserver au réfrigérateur.

Conseil: Les cornichons à l'ail fermentés sont une délicieuse variation des cornichons traditionnels, avec une saveur d'ail distincte. Ils sont parfaits en accompagnement, dans les sandwiches ou en tant que collation.

Courges fermentées

Temps de préparation: 30 minutes | Temps de fermentation: Environ 1 à 2 semaines | Portions: Variable

Ingrédients :

- Courges (variété de votre choix, par exemple, courgettes, courges d'été)
- Ail
- Herbes fraîches (telles que la ciboulette, le persil, l'estragon)
- Eau
- Sel de mer

Instructions :

1. Lavez les courges de votre choix et coupez-les en fines lamelles ou en petits morceaux.
2. Placez les courges dans un grand bocal en verre propre et sec.
3. Épluchez et hachez l'ail.
4. Ajoutez l'ail haché aux courges dans le bocal.
5. Lavez et hachez les herbes fraîches de votre choix (ciboulette, persil, estragon, etc.), puis ajoutez-les au bocal.
6. Dans une autre grande jarre ou bol, préparez une saumure en dissolvant 1 à 2 cuillères à soupe de sel de mer dans 1 litre d'eau. Assurez-vous que le sel est complètement dissous.
7. Versez la saumure sur les courges, l'ail et les herbes dans le bocal. Assurez-vous que les courges sont complètement immergées dans la saumure.
8. Fermez le bocal, mais n'en serrez pas complètement le couvercle pour permettre à l'air de s'échapper pendant la fermentation.
9. Laissez le bocal à température ambiante, à l'abri de la lumière directe du soleil, pendant environ 1 à 2 semaines. Plus la fermentation dure longtemps, plus les courges seront aigres.
10. Une fois les courges fermentées à votre goût, vous pouvez les conserver au réfrigérateur.

Conseil: Les courges fermentées sont un excellent accompagnement pour une variété de plats et apportent une saveur unique à vos repas.

Haricots mungo fermentés

Temps de préparation: 15 minutes | Temps de fermentation: Environ 2 à 5 jours | Portions: Variable

Ingrédients :

- Haricots mungo (vert ou jaune)
- Eau
- Sel de mer

Instructions :

1. Lavez les haricots mungo et retirez toutes les impuretés.
2. Placez les haricots mungo dans un grand bol et couvrez-les d'eau. Laissez-les tremper pendant la nuit pour les réhydrater.
3. Égouttez les haricots mungo après la période de trempage.
4. Dans un grand bocal en verre propre et sec, ajoutez les haricots mungo réhydratés.
5. Dans une autre jarre ou bol, préparez une saumure en dissolvant 1 à 2 cuillères à soupe de sel de mer dans 1 litre d'eau. Assurez-vous que le sel est complètement dissous.
6. Versez la saumure sur les haricots mungo dans le bocal. Assurez-vous que les haricots sont complètement immergés dans la saumure.
7. Fermez le bocal, mais n'en serrez pas complètement le couvercle pour permettre à l'air de s'échapper pendant la fermentation.
8. Laissez le bocal à température ambiante, à l'abri de la lumière directe du soleil, pendant environ 2 à 5 jours. Plus la fermentation dure longtemps, plus les haricots mungo seront acidulés.
9. Une fois les haricots mungo fermentés à votre goût, vous pouvez les conserver au réfrigérateur.

Conseil: Les haricots mungo fermentés peuvent être utilisés dans une variété de plats, notamment des salades, des sautés, et des soupes.

Haricots rouges fermentés

Temps de préparation: 15 minutes | Temps de fermentation: Environ 2 à 5 jours | Portions: Variable

Ingrédients :

- Haricots rouges
- Eau
- Sel de mer

Instructions :

1. Lavez les haricots rouges et retirez toutes les impuretés.
2. Placez les haricots rouges dans un grand bol et couvrez-les d'eau. Laissez-les tremper pendant la nuit pour les réhydrater.
3. Égouttez les haricots rouges après la période de trempage.
4. Dans un grand bocal en verre propre et sec, ajoutez les haricots rouges réhydratés.
5. Dans une autre jarre ou bol, préparez une saumure en dissolvant 1 à 2 cuillères à soupe de sel de mer dans 1 litre d'eau. Assurez-vous que le sel est complètement dissous.
6. Versez la saumure sur les haricots rouges dans le bocal. Assurez-vous que les haricots sont complètement immergés dans la saumure.
7. Fermez le bocal, mais n'en serrez pas complètement le couvercle pour permettre à l'air de s'échapper pendant la fermentation.
8. Laissez le bocal à température ambiante, à l'abri de la lumière directe du soleil, pendant environ 2 à 5 jours. Plus la fermentation dure longtemps, plus les haricots rouges seront acidulés.
9. Une fois les haricots rouges fermentés à votre goût, vous pouvez les conserver au réfrigérateur.

Conseil: Les haricots rouges fermentés peuvent être utilisés dans une variété de plats, notamment des salades, des plats à base de riz, des soupes et des ragoûts.

Kimchi fermenté

Temps de préparation: 45 minutes | Temps de fermentation: Environ 3 à 5 jours | Portions: Variable

Ingrédients :

- Chou chinois (Nappa) ou chou chinois (Baechu)
- Radis daikon
- Carottes
- Ail
- Gingembre frais
- Poudre de piment rouge (Gochugaru)
- Sauce de poisson (facultative pour une version végétalienne)
- Sel de mer
- Eau

Instructions :

1. Lavez le chou chinois et coupez-le en morceaux d'environ 5 cm.
2. Épluchez le radis daikon et les carottes, puis coupez-les en fines lamelles ou en julienne.
3. Dans un grand bol, préparez une saumure en dissolvant 1/4 de tasse de sel de mer dans 4 tasses d'eau. Plongez les morceaux de chou chinois, de radis daikon et de carottes dans la saumure. Laissez-les tremper pendant environ 2 heures.
4. Rincez les légumes à l'eau froide et égouttez-les.
5. Préparez la pâte de kimchi en mélangeant la poudre de piment rouge (Gochugaru), l'ail haché, le gingembre frais râpé, la sauce de poisson (si utilisée) et un peu d'eau pour obtenir une pâte épaisse.
6. Mélangez la pâte de kimchi avec les légumes égouttés pour bien les enrober.
7. Placez le mélange de légumes dans un grand bocal en verre propre et sec.
8. Fermez le bocal, mais n'en serrez pas complètement le couvercle pour permettre à l'air de s'échapper pendant la fermentation.
9. Laissez le bocal à température ambiante, à l'abri de la lumière directe du soleil, pendant environ 3 à 5 jours. Plus la fermentation dure longtemps, plus le kimchi sera acidulé.
10. Une fois le kimchi fermenté à votre goût, vous pouvez le conserver au réfrigérateur.

Conseil: Le kimchi est une excellente garniture, condiment ou accompagnement dans de nombreux plats coréens. Il apporte une saveur épicée et acidulée unique.

Légumes au vinaigre

Temps de préparation: 20 minutes | Temps de repos: Au moins 24 heures | Portions: Variable

Ingrédients :

- Légumes de votre choix (par exemple, concombres, oignons, poivrons, carottes)
- Vinaigre (vinaigre blanc, de cidre, ou autre de votre choix)
- Eau
- Sel
- Sucre
- Épices et herbes (selon votre préférence, par exemple, graines de moutarde, feuilles de laurier, poivre en grains)

Instructions :

1. Lavez et préparez les légumes en les coupant en morceaux, en tranches ou en dés, selon votre préférence.
2. Dans une casserole, préparez une saumure en mélangeant 1 part de vinaigre, 1 part d'eau, 1 cuillère à soupe de sel et 1 cuillère à soupe de sucre. Vous pouvez ajuster les quantités en fonction de la quantité de légumes que vous préparez.
3. Portez la saumure à ébullition, puis retirez-la du feu et laissez-la refroidir.
4. Placez les légumes dans un bocal en verre propre et sec. Ajoutez les épices et les herbes de votre choix.
5. Versez la saumure refroidie sur les légumes, en vous assurant qu'ils sont complètement immergés.
6. Fermez le bocal hermétiquement.
7. Laissez reposer les légumes au vinaigre dans le réfrigérateur pendant au moins 24 heures avant de les déguster. Plus ils marinent longtemps, plus les saveurs se développeront.

- Ces légumes au vinaigre sont parfaits en accompagnement, dans les salades, ou pour ajouter une touche d'acidité à vos plats.

Légumes fermentés en saumure

Temps de préparation: 30 minutes | Temps de fermentation: Environ 1 à 2 semaines | Portions: Variable

Ingrédients :
- Légumes de votre choix (par exemple, chou, carottes, concombres, poivrons)
- Eau
- Sel de mer

Instructions :
1. Lavez soigneusement les légumes que vous avez choisis.
2. Coupez les légumes en morceaux, en lanières ou en dés, selon votre préférence.
3. Dans un grand bol, préparez une saumure en dissolvant 1 à 2 cuillères à soupe de sel de mer dans 1 litre d'eau. Assurez-vous que le sel est complètement dissous.
4. Placez les légumes dans un bocal en verre propre et sec. Vous pouvez ajouter des épices, de l'ail, du gingembre, ou d'autres aromates selon votre goût.
5. Versez la saumure sur les légumes dans le bocal. Assurez-vous que les légumes sont complètement immergés dans la saumure.
6. Fermez le bocal, mais n'en serrez pas complètement le couvercle pour permettre à l'air de s'échapper pendant la fermentation.
7. Laissez le bocal à température ambiante, à l'abri de la lumière directe du soleil, pendant environ 1 à 2 semaines. Plus la fermentation dure longtemps, plus les légumes seront acidulés.
8. Une fois les légumes fermentés à votre goût, vous pouvez les conserver au réfrigérateur.

Conseil: Les légumes fermentés en saumure sont délicieux en accompagnement, dans les sandwiches, les salades, ou en tant que collation saine et acidulée.

Légumes lacto-fermentés

Temps de préparation: 30 minutes | Temps de fermentation: Environ 1 à 2 semaines | Portions: Variable

Ingrédients :
- Légumes de votre choix (par exemple, chou, carottes, concombres, poivrons)
- Eau
- Sel de mer

Instructions :
1. Lavez soigneusement les légumes que vous avez choisis.
2. Coupez les légumes en morceaux, en lanières ou en dés, selon votre préférence.
3. Dans un grand bol, préparez une saumure en dissolvant 1 à 2 cuillères à soupe de sel de mer dans 1 litre d'eau. Assurez-vous que le sel est complètement dissous.
4. Placez les légumes dans un bocal en verre propre et sec. Vous pouvez ajouter des épices, de l'ail, du gingembre, ou d'autres aromates selon votre goût.
5. Versez la saumure sur les légumes dans le bocal. Assurez-vous que les légumes sont complètement immergés dans la saumure.
6. Fermez le bocal, mais n'en serrez pas complètement le couvercle pour permettre à l'air de s'échapper pendant la fermentation.
7. Laissez le bocal à température ambiante, à l'abri de la lumière directe du soleil, pendant environ 1 à 2 semaines. Plus la fermentation dure longtemps, plus les légumes seront acidulés.
8. Une fois les légumes lacto-fermentés à votre goût, vous pouvez les conserver au réfrigérateur.

Conseil: Les légumes lacto-fermentés sont riches en probiotiques et peuvent être utilisés en accompagnement, dans les sandwiches, les salades, ou comme collation saine et acidulée.

Pickles de concombre fermentés

Temps de préparation: 15 minutes | Temps de fermentation: Environ 1 à 2 semaines | Portions: Variable

Ingrédients :

- Concombres (environ 4 à 6, selon la taille)
- Ail (2 à 4 gousses, selon votre préférence)
- Aneth frais (quelques brins)
- Graines de moutarde
- Graines de coriandre
- Eau
- Sel de mer

Instructions :

1. Lavez soigneusement les concombres et coupez-les en tranches fines.
2. Épluchez et hachez l'ail.
3. Dans un grand bocal en verre propre et sec, placez les tranches de concombre, l'ail haché, l'aneth frais, les graines de moutarde et les graines de coriandre.
4. Dans un bol, préparez une saumure en dissolvant 2 cuillères à soupe de sel de mer dans 1 litre d'eau. Assurez-vous que le sel est complètement dissous.
5. Versez la saumure sur les concombres et les épices dans le bocal. Assurez-vous que les concombres sont complètement immergés dans la saumure.
6. Fermez le bocal, mais n'en serrez pas complètement le couvercle pour permettre à l'air de s'échapper pendant la fermentation.
7. Laissez le bocal à température ambiante, à l'abri de la lumière directe du soleil, pendant environ 1 à 2 semaines. Plus la fermentation dure longtemps, plus les pickles seront acidulés.
8. Une fois les pickles de concombre fermentés à votre goût, vous pouvez les conserver au réfrigérateur.

Conseil: Les pickles de concombre fermentés sont un excellent condiment ou en-cas. Ils sont parfaits pour accompagner des sandwiches, des hamburgers, ou en tant que garniture dans les salades.

Pickles de légumes mélangés fermentés

Temps de préparation: 15 minutes | Temps de fermentation: Environ 1 à 2 semaines | Portions: Variable

Ingrédients :

- Légumes mélangés de votre choix (par exemple, concombres, carottes, poivrons, chou-fleur)
- Ail (2 à 4 gousses, selon votre préférence)
- Aneth frais (quelques brins)
- Graines de moutarde
- Graines de coriandre
- Eau
- Sel de mer

Instructions :

1. Lavez soigneusement les légumes que vous avez choisis et coupez-les en morceaux, en tranches fines ou en dés, selon votre préférence.
2. Épluchez et hachez l'ail.
3. Dans un grand bocal en verre propre et sec, placez les légumes mélangés, l'ail haché, l'aneth frais, les graines de moutarde et les graines de coriandre.

4. Dans un bol, préparez une saumure en dissolvant 2 cuillères à soupe de sel de mer dans 1 litre d'eau. Assurez-vous que le sel est complètement dissous.
5. Versez la saumure sur les légumes et les épices dans le bocal. Assurez-vous que les légumes sont complètement immergés dans la saumure.
6. Fermez le bocal, mais n'en serrez pas complètement le couvercle pour permettre à l'air de s'échapper pendant la fermentation.
7. Laissez le bocal à température ambiante, à l'abri de la lumière directe du soleil, pendant environ 1 à 2 semaines. Plus la fermentation dure longtemps, plus les pickles de légumes mélangés seront acidulés.
8. Une fois les pickles de légumes mélangés fermentés à votre goût, vous pouvez les conserver au réfrigérateur.

Conseil: Ces pickles de légumes mélangés fermentés sont polyvalents et peuvent être utilisés en accompagnement, dans les sandwiches, les salades, ou en tant que collation saine et acidulée.

Pickles de radis fermentés

Temps de préparation: 15 minutes | Temps de fermentation: Environ 1 à 2 semaines | Portions: Variable

Ingrédients :

- Radis (environ 1 botte)
- Ail (2 à 4 gousses, selon votre préférence)
- Aneth frais (quelques brins)
- Graines de moutarde
- Graines de coriandre
- Eau
- Sel de mer

Instructions :

1. Lavez soigneusement les radis et coupez-les en fines rondelles ou en bâtonnets.
2. Épluchez et hachez l'ail.
3. Dans un grand bocal en verre propre et sec, placez les rondelles de radis, l'ail haché, l'aneth frais, les graines de moutarde et les graines de coriandre.
4. Dans un bol, préparez une saumure en dissolvant 2 cuillères à soupe de sel de mer dans 1 litre d'eau. Assurez-vous que le sel est complètement dissous.
5. Versez la saumure sur les radis et les épices dans le bocal. Assurez-vous que les radis sont complètement immergés dans la saumure.
6. Fermez le bocal, mais n'en serrez pas complètement le couvercle pour permettre à l'air de s'échapper pendant la fermentation.
7. Laissez le bocal à température ambiante, à l'abri de la lumière directe du soleil, pendant environ 1 à 2 semaines. Plus la fermentation dure longtemps, plus les pickles de radis seront acidulés.
8. Une fois les pickles de radis fermentés à votre goût, vous pouvez les conserver au réfrigérateur.

Conseil: Les pickles de radis fermentés sont parfaits pour ajouter une touche d'acidité à vos salades, sandwiches, hamburgers, ou pour les déguster en tant que collation saine.

Salsa de tomates fermentées

Ingrédient

- 4 tomates : environ 400 g
- 1 oignon : environ 100 g
- 2 gousses d'ail : environ 10 g
- Coriandre fraîche hachée : environ 15 g
- 1 piment jalapeño (facultatif) : environ 10 g
- 1 cuillère à soupe de sel : environ 15 g

Instructions :

1. Hachez finement les tomates, l'oignon, l'ail et le piment jalapeño (si vous en utilisez).
2. Dans un bol de taille moyenne, mélangez les légumes hachés avec la coriandre et le sel.
3. Transférez le mélange dans un bocal en verre propre et stérilisé.
4. Tassez bien les légumes dans le bocal pour éliminer les bulles d'air.
5. Fermez le bocal et laissez fermenter à température ambiante pendant 2 à 3 jours.
6. Après 2 à 3 jours, goûtez la salsa pour vérifier si elle est suffisamment fermentée. Si elle est à votre goût, transférez-la au réfrigérateur pour arrêter la fermentation. Si elle n'est pas assez fermentée, laissez-la fermenter pendant encore 1 à 2 jours avant de la goûter à nouveau.

   🌸 Cette recette de salsa de tomates fermentées est simple et facile à réaliser chez soi. Vous pouvez ajuster les quantités d'ingrédients en fonction de vos préférences gustatives.

Chapitre 2

Aliments fermentés Sauces

Gochujang fermenté

Temps de préparation: 30 minutes | Temps de fermentation: 1 semaine à plusieurs mois

Ingrédients :

- 200 g de poudre de piment coréen
- 100 g de pâte de haricots de soja fermentés (doenjang)
- 100 g de riz cuit et refroidi
- 4 gousses d'ail
- 2 cuillères à soupe de sucre
- 2 cuillères à soupe de sel
- 2 cuillères à soupe d'eau
- 1 cuillère à soupe de farine de blé

Instructions :

1. Dans un mixeur, combinez la poudre de piment, la pâte de haricots de soja fermentés, le riz cuit, l'ail, le sucre, le sel et l'eau.
2. Mixez jusqu'à obtenir une pâte lisse.
3. Transférez la pâte dans un bocal en verre propre.
4. Saupoudrez la surface de la pâte avec de la farine de blé pour éviter la formation de moisissure.
5. Fermez le bocal, mais n'en serrez pas complètement le couvercle pour permettre à l'air de s'échapper pendant la fermentation.
6. Laissez le Gochujang fermenter à température ambiante pendant au moins une semaine, voire plusieurs mois pour des saveurs plus complexes.
7. Une fois le Gochujang fermenté à votre goût, vous pouvez le conserver au réfrigérateur.

Conseil: Utilisez le Gochujang fermenté pour assaisonner des plats coréens ou d'autres recettes pour une saveur épicée et umami.

Chutney fermenté

Temps de préparation: 15 minutes | Temps de fermentation: 2-3 jours

Ingrédients :

- 400 g de fruits (mangues, prunes, ananas)
- 120 ml de vinaigre
- Ail, oignon, gingembre, piment, graines de moutarde, sel
- Grain. fenugrec (facultatif)

Instructions :

1. Cuire les ingrédients 15 min.
2. Refroidir, mettre en bocal, et fermenter 2-3 jours à temps. Ambiante.
3. Conserver au frais.

Conseil: Idéal avec plats indiens ou viandes grillées.

Harissa fermentée

Temps de préparation: 20 minutes | Temps de fermentation: 1 à 2 semaines

Ingrédients :

- 100 g de piments rouges séchés
- 4 gousses d'ail
- 1 cuillère à café de sel
- 1 cuillère à café de cumin moulu
- 1 cuillère à café de coriandre moulue
- 2 cuillères à soupe d'huile d'olive

Instructions :

1. Réhydratez les piments rouges séchés en les faisant tremper dans de l'eau chaude pendant environ 15 minutes.
2. Égouttez les piments et retirez les tiges.
3. Dans un mixeur, combinez les piments réhydratés, l'ail, le sel, le cumin, la coriandre et l'huile d'olive.
4. Mixez jusqu'à obtenir une pâte lisse.
5. Transférez la pâte dans un bocal en verre propre.
6. Fermez le bocal, mais n'en serrez pas complètement le couvercle pour permettre à l'air de s'échapper pendant la fermentation.
7. Laissez la harissa fermenter à température ambiante pendant 1 à 2 semaines. Plus la fermentation dure longtemps, plus la harissa aura des saveurs complexes.
8. Une fois la harissa fermentée à votre goût, vous pouvez la conserver au réfrigérateur.

Conseil: Utilisez la harissa fermentée pour ajouter de la chaleur et de la saveur à vos plats, comme les couscous, les tajines, ou les marinades.

Ketchup fermenté

Temps de préparation: 20 minutes | Temps de fermentation: 3 jours à 1 semaine

Ingrédients :

- 800 g de tomates mûres
- 1 oignon
- 2 gousses d'ail
- 60 g de sucre
- 60 ml de vinaigre de cidre
- 5 g de sel
- 2,5 g de poivre
- 1,25 g de piment de Cayenne
- 1,25 g de paprika fumé

Instructions :

1. Ébouillantez les tomates, retirez leur peau, coupez-les en morceaux et retirez les graines.
2. Dans une casserole, mélangez les tomates, l'oignon haché, l'ail émincé, le sucre, le vinaigre de cidre, le sel, le poivre, le piment de Cayenne et le paprika fumé.
3. Portez le mélange à ébullition, puis réduisez le feu et laissez mijoter pendant environ 15 minutes, en remuant de temps en temps. Les tomates doivent devenir tendres et le mélange doit s'épaissir.
4. Laissez le mélange refroidir à température ambiante.
5. Transférez le ketchup dans un bocal en verre propre et sec.
6. Fermez le bocal, mais n'en serrez pas complètement le couvercle pour permettre à l'air de s'échapper pendant la fermentation.
7. Laissez le ketchup fermenter à température ambiante pendant 3 jours à 1 semaine. Plus la fermentation dure longtemps, plus le ketchup aura des saveurs complexes.
8. Une fois le ketchup fermenté à votre goût, vous pouvez le conserver au réfrigérateur.

Conseil: Utilisez le ketchup fermenté comme condiment pour vos hamburgers, hot-dogs ou frites.

Miso maison

Temps de préparation: 15 minutes | Temps de fermentation: 6 mois à 2 ans

Ingrédients :

- 300 g de fèves de soja
- 100 g de riz
- 300 g de sel
- 300 g d'eau

Instructions :

1. Faites tremper les fèves de soja dans de l'eau pendant la nuit. Égouttez-les.
2. Cuisez les fèves de soja à la vapeur pendant environ 2 heures ou jusqu'à ce qu'elles soient tendres.
3. Cuisez le riz jusqu'à ce qu'il soit bien cuit.
4. Dans un mixeur, combinez les fèves de soja cuites, le riz cuit, le sel et l'eau. Mixez jusqu'à obtenir une pâte lisse.
5. Transférez la pâte dans un grand bocal en verre propre.
6. Fermez le bocal, mais n'en serrez pas complètement le couvercle pour permettre à l'air de s'échapper pendant la fermentation.
7. Laissez le miso fermenter à température ambiante pendant 6 mois à 2 ans. Plus la fermentation dure longtemps, plus le miso sera foncé et aromatique.
8. Après la fermentation, vous pouvez conserver le miso au réfrigérateur.

Conseil: Utilisez le miso dans les soupes, les sauces et les marinades pour ajouter de la saveur umami à vos plats.

Relish fermenté

Temps de préparation: 20 minutes | Temps de fermentation: 1 à 2 semaines

Ingrédients :

- 300 g de concombres
- 150 g d'oignons
- 100 g de poivrons verts
- 50 g de poivrons rouges
- 1 cuillère à soupe de sel
- 1 cuillère à café de graines de moutarde
- 1 cuillère à café de graines de céleri
- 1 cuillère à café de graines de coriandre
- 1/2 cuillère à café de graines de moutarde noire
- 1/2 cuillère à café de graines de fenouil
- 100 ml de vinaigre de cidre
- 50 g de sucre

Instructions :

1. Coupez les concombres, les oignons et les poivrons en petits dés.
2. Dans un grand bol, mélangez les légumes coupés et saupoudrez de sel. Laissez reposer pendant environ 1 heure pour faire ressortir l'excès de liquide.
3. Rincez les légumes à l'eau froide et égouttez-les soigneusement.
4. Dans un bocal en verre propre, combinez les légumes rincés avec les graines de moutarde, de céleri, de coriandre, de moutarde noire et de fenouil.
5. Dans une casserole, chauffez le vinaigre de cidre et le sucre jusqu'à ce que le sucre soit complètement dissous.
6. Versez le mélange de vinaigre chaud sur les légumes dans le bocal.
7. Fermez le bocal, mais n'en serrez pas complètement le couvercle pour permettre à l'air de s'échapper pendant la fermentation.
8. Laissez le relish fermenter à température ambiante pendant 1 à 2 semaines. Plus la fermentation dure longtemps, plus le relish aura des saveurs complexes.
9. Une fois le relish fermenté à votre goût, vous pouvez le conserver au réfrigérateur.

Conseil: Servez le relish avec des hot-dogs, des hamburgers, des saucisses ou d'autres plats grillés.

Sambal fermenté

Temps de préparation: 15 minutes | Temps de fermentation: 1 semaine

Ingrédients :

- 200 g de piments rouges frais
- 5 gousses d'ail
- 1 cuillère à café de sel
- 1 cuillère à café de sucre
- 1 cuillère à soupe de pâte de crevettes (trouvée dans les épiceries asiatiques)
- Jus de 1 citron vert

Instructions :

1. Coupez les tiges des piments et hachez-les grossièrement.
2. Dans un mixeur, combinez les piments hachés, l'ail, le sel et le sucre. Mixez jusqu'à obtenir une pâte grossière.
3. Transférez la pâte dans un bocal en verre propre.
4. Ajoutez la pâte de crevettes et le jus de citron vert, puis mélangez bien.
5. Fermez le bocal, mais n'en serrez pas complètement le couvercle pour permettre à l'air de s'échapper pendant la fermentation.
6. Laissez le sambal fermenter à température ambiante pendant environ 1 semaine.
7. Une fois le sambal fermenté à votre goût, vous pouvez le conserver au réfrigérateur.

Conseil: Utilisez le sambal fermenté pour pimenter vos plats, comme les plats asiatiques, les ragoûts et les soupes.

Sauce aigre-douce fermentée

Temps de préparation: 20 minutes | Temps de fermentation: 1 à 2 semaines

Ingrédients :

- 250 g de piments rouges (ou mélange de piments doux et forts)
- 4 gousses d'ail
- 1 cuillère à café de sel
- 100 g de sucre
- 250 ml de vinaigre de riz

Instructions :

1. Coupez les tiges des piments et hachez-les grossièrement.
2. Dans un mixeur, combinez les piments hachés, l'ail, le sel, le sucre et le vinaigre de riz. Mixez jusqu'à obtenir une pâte lisse.
3. Transférez la pâte dans un bocal en verre propre.
4. Fermez le bocal, mais n'en serrez pas complètement le couvercle pour permettre à l'air de s'échapper pendant la fermentation.
5. Laissez la sauce aigre-douce fermenter à température ambiante pendant 1 à 2 semaines. Plus la fermentation dure longtemps, plus la sauce aura des saveurs complexes.
6. Une fois la sauce aigre-douce fermentée à votre goût, vous pouvez la conserver au réfrigérateur.

Conseil: Utilisez la sauce aigre-douce fermentée comme condiment pour plonger, mariner ou accompagner des plats asiatiques.

Sauce au basilic fermentée

Temps de préparation: 15 minutes | Temps de fermentation: 3-5 jours

Ingrédients :

- 50 g de basilic frais
- 2 gousses d'ail
- 1/2 cuillère à café de sel
- 250 ml d'huile d'olive

Instructions :

1. Lavez et séchez soigneusement le basilic.
2. Épluchez les gousses d'ail.
3. Dans un mixeur, combinez le basilic, l'ail, le sel et l'huile d'olive. Mixez jusqu'à obtenir une sauce lisse.
4. Transférez la sauce au basilic dans un bocal en verre propre.
5. Fermez le bocal, mais n'en serrez pas complètement le couvercle pour permettre à l'air de s'échapper pendant la fermentation.
6. Laissez la sauce au basilic fermenter à température ambiante pendant 3 à 5 jours.
7. Une fois la sauce au basilic fermentée à votre goût, vous pouvez la conserver au réfrigérateur.

Conseil: Utilisez la sauce au basilic fermentée pour parfumer les pâtes, les pizzas, les sandwichs et les plats méditerranéens.

Sauce au citron fermentée

Temps de préparation: 15 minutes | Temps de fermentation: 3-5 jours

Ingrédients :

- 3 citrons biologiques non traités
- 1 cuillère à café de sel
- 250 ml d'eau

Instructions :

1. Lavez soigneusement les citrons et coupez-les en fines tranches, en veillant à retirer les pépins.
2. Dans un bocal en verre propre, alternez les tranches de citron avec une pincée de sel entre chaque couche.
3. Versez de l'eau sur les citrons pour qu'ils soient complètement recouverts.
4. Fermez le bocal, mais n'en serrez pas complètement le couvercle pour permettre à l'air de s'échapper pendant la fermentation.
5. Laissez la sauce au citron fermenter à température ambiante pendant 3 à 5 jours.
6. Une fois la sauce au citron fermentée à votre goût, vous pouvez la conserver au réfrigérateur.

Conseil: Utilisez la sauce au citron fermentée pour rehausser la saveur de vos plats, comme les poissons, les fruits de mer, les salades et les plats méditerranéens.

Sauce au citron vert fermentée

Temps de préparation: 15 minutes | Temps de fermentation: 3-5 jours

Ingrédients :

- 3 citrons verts biologiques non traités
- 1 cuillère à café de sel
- 250 ml d'eau

Instructions :

1. Lavez soigneusement les citrons verts et coupez-les en fines tranches, en veillant à retirer les pépins.
2. Dans un bocal en verre propre, alternez les tranches de citron vert avec une pincée de sel entre chaque couche.
3. Versez de l'eau sur les citrons verts pour qu'ils soient complètement recouverts.
4. Fermez le bocal, mais n'en serrez pas complètement le couvercle pour permettre à l'air de s'échapper pendant la fermentation.
5. Laissez la sauce au citron vert fermenter à température ambiante pendant 3 à 5 jours.
6. Une fois la sauce au citron vert fermentée à votre goût, vous pouvez la conserver au réfrigérateur.

Conseil: Utilisez la sauce au citron vert fermentée pour donner une touche acidulée à vos plats, comme les plats asiatiques, les fruits de mer, les salades et les cocktails.

Sauce au gingembre fermentée

Temps de préparation: 20 minutes | Temps de fermentation: 1 à 2 semaines

Ingrédients :

- 100 g de gingembre frais
- 2 gousses d'ail
- 1 cuillère à café de sel
- 100 g de sucre
- 250 ml de vinaigre de riz

Instructions :

1. Épluchez le gingembre et hachez-le finement.
2. Épluchez les gousses d'ail et hachez-les également.
3. Dans un bocal en verre propre, mélangez le gingembre haché, l'ail haché, le sel, le sucre et le vinaigre de riz.
4. Fermez le bocal, mais n'en serrez pas complètement le couvercle pour permettre à l'air de s'échapper pendant la fermentation.
5. Laissez la sauce au gingembre fermenter à température ambiante pendant 1 à 2 semaines.
6. Une fois la sauce au gingembre fermentée à votre goût, vous pouvez la conserver au réfrigérateur.

Conseil: Utilisez la sauce au gingembre fermentée pour assaisonner les plats asiatiques, les marinades, les vinaigrettes et les plats à base de poisson.

Sauce au miso blanc

Temps de préparation: 15 minutes | Temps de fermentation: 2 semaines à 2 mois

Ingrédients :

- 200 g de miso blanc
- 50 g de sucre
- 50 ml d'eau

Instructions :

1. Dans une casserole, mélangez le miso blanc, le sucre et l'eau.
2. Chauffez le mélange à feu doux tout en remuant, jusqu'à ce que le sucre soit complètement dissous.
3. Laissez refroidir le mélange à température ambiante.
4. Transférez la sauce au miso blanc dans un bocal en verre propre.
5. Fermez le bocal, mais n'en serrez pas complètement le couvercle pour permettre à l'air de s'échapper pendant la fermentation.
6. Laissez la sauce au miso blanc fermenter à température ambiante pendant 2 semaines à 2 mois. Plus la fermentation dure longtemps, plus la sauce aura des saveurs complexes.
7. Une fois la sauce au miso blanc fermentée à votre goût, vous pouvez la conserver au réfrigérateur.

Conseil: Utilisez la sauce au miso blanc pour assaisonner les plats japonais, les soupes miso, les marinades et les sauces.

Sauce au miso rouge

Temps de préparation: 15 minutes | Temps de fermentation: 2 semaines à 2 mois

Ingrédients :

- 200 g de miso rouge
- 50 g de sucre
- 50 ml d'eau

Instructions :

1. Dans une casserole, mélangez le miso rouge, le sucre et l'eau.
2. Chauffez le mélange à feu doux tout en remuant, jusqu'à ce que le sucre soit complètement dissous.
3. Laissez refroidir le mélange à température ambiante.
4. Transférez la sauce au miso rouge dans un bocal en verre propre.
5. Fermez le bocal, mais n'en serrez pas complètement le couvercle pour permettre à l'air de s'échapper pendant la fermentation.
6. Laissez la sauce au miso rouge fermenter à température ambiante pendant 2 semaines à 2 mois. Plus la fermentation dure longtemps, plus la sauce aura des saveurs complexes.
7. Une fois la sauce au miso rouge fermentée à votre goût, vous pouvez la conserver au réfrigérateur.

Conseil: Utilisez la sauce au miso rouge pour assaisonner les plats japonais, les marinades, les sauces, les soupes et les plats grillés.

Sauce au poivre noir fermentée

Temps de préparation: 15 minutes | Temps de fermentation: 1 à 2 semaines

Ingrédients :

- 3 cuillères à soupe de poivre noir concassé
- 1 cuillère à café de sel
- 250 ml d'eau

Instructions :

1. Dans une casserole, combinez le poivre noir concassé, le sel et l'eau.
2. Portez le mélange à ébullition, puis réduisez le feu et laissez mijoter pendant 5 minutes.
3. Laissez le mélange refroidir à température ambiante.
4. Transférez la sauce au poivre noir dans un bocal en verre propre.
5. Fermez le bocal, mais n'en serrez pas complètement le couvercle pour permettre à l'air de s'échapper pendant la fermentation.
6. Laissez la sauce au poivre noir fermenter à température ambiante pendant 1 à 2 semaines.
7. Une fois la sauce au poivre noir fermentée à votre goût, vous pouvez la conserver au réfrigérateur.

Conseil: Utilisez la sauce au poivre noir fermentée pour assaisonner les plats, les grillades, les sauces et les plats de viande.

Sauce au poivre fermentée

Temps de préparation: 15 minutes | Temps de fermentation: 1 à 2 semaines

Ingrédients :

- 3 cuillères à soupe de poivre noir concassé
- 1 cuillère à café de sel
- 250 ml d'eau

Instructions :

1. Dans une casserole, combinez le poivre noir concassé, le sel et l'eau.
2. Portez le mélange à ébullition, puis réduisez le feu et laissez mijoter pendant 5 minutes.
3. Laissez le mélange refroidir à température ambiante.
4. Transférez la sauce au poivre dans un bocal en verre propre.
5. Fermez le bocal, mais n'en serrez pas complètement le couvercle pour permettre à l'air de s'échapper pendant la fermentation.
6. Laissez la sauce au poivre fermenter à température ambiante pendant 1 à 2 semaines.
7. Une fois la sauce au poivre fermentée à votre goût, vous pouvez la conserver au réfrigérateur.

Conseil: Utilisez la sauce au poivre fermentée pour rehausser la saveur de vos plats, notamment les viandes, les grillades, les sauces et les plats asiatiques.

Sauce au tamarin fermentée

Temps de préparation: 15 minutes | Temps de fermentation: 2 semaines

Ingrédients :

- 100 g de pâte de tamarin
- 100 g de sucre
- 250 ml d'eau

Instructions :

1. Dans une casserole, combinez la pâte de tamarin, le sucre et l'eau.
2. Portez le mélange à ébullition, puis réduisez le feu et laissez mijoter pendant 5 minutes.
3. Laissez le mélange refroidir à température ambiante.
4. Transférez la sauce au tamarin dans un bocal en verre propre.
5. Fermez le bocal, mais n'en serrez pas complètement le couvercle pour permettre à l'air de s'échapper pendant la fermentation.
6. Laissez la sauce au tamarin fermenter à température ambiante pendant 2 semaines.
7. Une fois la sauce au tamarin fermentée à votre goût, vous pouvez la conserver au réfrigérateur.

Conseil: Utilisez la sauce au tamarin fermentée pour assaisonner les plats asiatiques, les marinades, les plats à base de viande et les plats épicés.

Sauce au vinaigre balsamique fermentée

Temps de préparation: 15 minutes | Temps de fermentation: 2 semaines

Ingrédients :

- 250 ml de vinaigre balsamique
- 50 g de sucre
- 250 ml d'eau

Instructions :

1. Dans une casserole, combinez le vinaigre balsamique, le sucre et l'eau.
2. Portez le mélange à ébullition, puis réduisez le feu et laissez mijoter pendant 5 minutes.
3. Laissez le mélange refroidir à température ambiante.
4. Transférez la sauce au vinaigre balsamique dans un bocal en verre propre.
5. Fermez le bocal, mais n'en serrez pas complètement le couvercle pour permettre à l'air de s'échapper pendant la fermentation.
6. Laissez la sauce au vinaigre balsamique fermenter à température ambiante pendant 2 semaines.
7. Une fois la sauce au vinaigre balsamique fermentée à votre goût, vous pouvez la conserver au réfrigérateur.

Conseil: Utilisez la sauce au vinaigre balsamique fermentée pour rehausser la saveur de vos salades, plats à base de viande, légumes grillés et plats italiens.

Sauce au vinaigre de pomme fermentée

Temps de préparation: 15 minutes | Temps de fermentation: 2 semaines

Ingrédients :

- 250 ml de vinaigre de pomme
- 50 g de sucre
- 250 ml d'eau

Instructions :

1. Dans une casserole, combinez le vinaigre de pomme, le sucre et l'eau.
2. Portez le mélange à ébullition, puis réduisez le feu et laissez mijoter pendant 5 minutes.
3. Laissez le mélange refroidir à température ambiante.
4. Transférez la sauce au vinaigre de pomme dans un bocal en verre propre.
5. Fermez le bocal, mais n'en serrez pas complètement le couvercle pour permettre à l'air de s'échapper pendant la fermentation.
6. Laissez la sauce au vinaigre de pomme fermenter à température ambiante pendant 2 semaines.
7. Une fois la sauce au vinaigre de pomme fermentée à votre goût, vous pouvez la conserver au réfrigérateur.

Conseil: Utilisez la sauce au vinaigre de pomme fermentée pour assaisonner les salades, les marinades, les plats à base de porc et les plats aigres-doux.

Sauce au vinaigre de riz fermentée

Temps de préparation: 15 minutes | Temps de fermentation: 2 semaines

Ingrédients :

- 250 ml de vinaigre de riz
- 50 g de sucre
- 250 ml d'eau

Instructions :

1. Dans une casserole, combinez le vinaigre de riz, le sucre et l'eau.
2. Portez le mélange à ébullition, puis réduisez le feu et laissez mijoter pendant 5 minutes.
3. Laissez le mélange refroidir à température ambiante.
4. Transférez la sauce au vinaigre de riz dans un bocal en verre propre.
5. Fermez le bocal, mais n'en serrez pas complètement le couvercle pour permettre à l'air de s'échapper pendant la fermentation.
6. Laissez la sauce au vinaigre de riz fermenter à température ambiante pendant 2 semaines.
7. Une fois la sauce au vinaigre de riz fermentée à votre goût, vous pouvez la conserver au réfrigérateur.

Conseil: Utilisez la sauce au vinaigre de riz fermentée pour assaisonner les plats asiatiques, les sushis, les marinades, les sauces et les plats à base de riz.

Sauce aux arachides fermentée

Temps de préparation: 20 minutes | Temps de fermentation: 1 semaine

Ingrédients :

- 200 g de beurre d'arachide naturel
- 50 g de sucre
- 250 ml d'eau
- 2 cuillères à soupe de sauce soja
- 2 gousses d'ail, hachées

Instructions :

1. Dans une casserole, combinez le beurre d'arachide, le sucre, l'eau, la sauce soja et l'ail haché.
2. Portez le mélange à ébullition, puis réduisez le feu et laissez mijoter pendant 5 minutes.
3. Laissez le mélange refroidir à température ambiante.
4. Transférez la sauce aux arachides dans un bocal en verre propre.
5. Fermez le bocal, mais n'en serrez pas complètement le couvercle pour permettre à l'air de s'échapper pendant la fermentation.
6. Laissez la sauce aux arachides fermenter à température ambiante pendant 1 semaine.
7. Une fois la sauce aux arachides fermentée à votre goût, vous pouvez la conserver au réfrigérateur.

Conseil: Utilisez la sauce aux arachides fermentée comme accompagnement pour les plats asiatiques, les grillades, les plats de poulet et les légumes.

Sauce aux câpres fermentée

Temps de préparation: 15 minutes | Temps de fermentation: 2 semaines

Ingrédients :

- 100 g de câpres
- 250 ml de vinaigre de vinaigre balsamique
- 50 g de sucre
- 250 ml d'eau

Instructions :

1. Dans une casserole, combinez les câpres, le vinaigre de vinaigre balsamique, le sucre et l'eau.
2. Portez le mélange à ébullition, puis réduisez le feu et laissez mijoter pendant 5 minutes.
3. Laissez le mélange refroidir à température ambiante.
4. Transférez la sauce aux câpres dans un bocal en verre propre.
5. Fermez le bocal, mais n'en serrez pas complètement le couvercle pour permettre à l'air de s'échapper pendant la fermentation.
6. Laissez la sauce aux câpres fermenter à température ambiante pendant 2 semaines.
7. Une fois la sauce aux câpres fermentée à votre goût, vous pouvez la conserver au réfrigérateur.

Conseil: Utilisez la sauce aux câpres fermentée pour assaisonner les plats de poisson, les salades, les vinaigrettes et les plats méditerranéens.

Sauce aux chiles fermentée

Temps de préparation: 20 minutes | Temps de fermentation: 2 semaines

Ingrédients :

- 100 g de piments frais (au choix, selon votre niveau de tolérance au piquant)
- 250 ml d'eau
- 1 cuillère à café de sel
- 1 cuillère à soupe de sucre
- 2 gousses d'ail, hachées

Instructions :

1. Lavez et égouttez les piments frais. Vous pouvez les couper en morceaux si vous le souhaitez.
2. Dans un mixeur, ajoutez les piments, l'eau, le sel, le sucre et l'ail haché. Mixez jusqu'à obtenir une pâte lisse.
3. Transférez la pâte de piments dans un bocal en verre propre.
4. Fermez le bocal, mais n'en serrez pas complètement le couvercle pour permettre à l'air de s'échapper pendant la fermentation.
5. Laissez la sauce aux chiles fermenter à température ambiante pendant 2 semaines.
6. Une fois la sauce aux chiles fermentée à votre goût, vous pouvez la conserver au réfrigérateur.

Conseil: Utilisez la sauce aux chiles fermentée pour ajouter du piquant à vos plats, notamment les tacos, les plats mexicains, les sauces et les marinades.

Sauce aux graines de sésame fermentées

Temps de préparation: 15 minutes | Temps de fermentation: 1 à 2 semaines

Ingrédients :

- 100 g de graines de sésame
- 250 ml d'eau
- 1 cuillère à café de sel
- 1 cuillère à soupe de sucre

Instructions :

1. Dans une poêle sèche, faites griller les graines de sésame à feu moyen jusqu'à ce qu'elles deviennent légèrement dorées et dégagent un arôme.
2. Retirez les graines de sésame de la poêle et laissez-les refroidir.
3. Dans un mixeur, ajoutez les graines de sésame grillées, l'eau, le sel et le sucre. Mixez jusqu'à obtenir une pâte lisse.
4. Transférez la pâte de graines de sésame dans un bocal en verre propre.
5. Fermez le bocal, mais n'en serrez pas complètement le couvercle pour permettre à l'air de s'échapper pendant la fermentation.
6. Laissez la sauce aux graines de sésame fermenter à température ambiante pendant 1 à 2 semaines.
7. Une fois la sauce aux graines de sésame fermentée à votre goût, vous pouvez la conserver au réfrigérateur.

Conseil: Utilisez la sauce aux graines de sésame fermentée pour assaisonner les plats asiatiques, les salades, les nouilles et les plats à base de viande.

Sauce aux haricots noirs fermentée

Temps de préparation: 20 minutes | Temps de fermentation: 2 semaines

Ingrédients :

- 100 g de haricots noirs fermentés
- 250 ml d'eau
- 1 cuillère à soupe de sucre
- 2 cuillères à soupe de sauce soja
- 2 gousses d'ail, hachées

Instructions :

1. Rincez et égouttez les haricots noirs fermentés.
2. Dans un mixeur, ajoutez les haricots noirs, l'eau, le sucre, la sauce soja et l'ail haché. Mixez jusqu'à obtenir une pâte lisse.
3. Transférez la pâte de haricots noirs dans un bocal en verre propre.
4. Fermez le bocal, mais n'en serrez pas complètement le couvercle pour permettre à l'air de s'échapper pendant la fermentation.
5. Laissez la sauce aux haricots noirs fermenter à température ambiante pendant 2 semaines.
6. Une fois la sauce aux haricots noirs fermentée à votre goût, vous pouvez la conserver au réfrigérateur.

Conseil: Utilisez la sauce aux haricots noirs fermentée pour assaisonner les plats chinois, les plats à base de tofu, les légumes sautés et les plats saucés.

Sauce aux herbes fermentée

Temps de préparation: 15 minutes | Temps de fermentation: 1 à 2 semaines

Ingrédients :

- 50 g d'herbes fraîches (par exemple, persil, ciboulette, estragon)
- 250 ml d'eau
- 1 cuillère à café de sel
- 1 cuillère à soupe de sucre

Instructions :

1. Lavez et égouttez les herbes fraîches, puis hachez-les finement.
2. Dans un mixeur, ajoutez les herbes hachées, l'eau, le sel et le sucre. Mixez jusqu'à obtenir une purée lisse.
3. Transférez la purée d'herbes dans un bocal en verre propre.
4. Fermez le bocal, mais n'en serrez pas complètement le couvercle pour permettre à l'air de s'échapper pendant la fermentation.
5. Laissez la sauce aux herbes fermenter à température ambiante pendant 1 à 2 semaines.
6. Une fois la sauce aux herbes fermentée à votre goût, vous pouvez la conserver au réfrigérateur.

Conseil: Utilisez la sauce aux herbes fermentée pour agrémenter les salades, les plats de pâtes, les grillades et les plats à base de poisson.

Sauce aux légumes fermentées

Temps de préparation: 15 minutes | Temps de fermentation: 2 semaines

Ingrédients :

- 200 g de légumes mixtes (par exemple, carottes, poivrons, oignons)
- 250 ml d'eau
- 1 cuillère à café de sel
- 1 cuillère à soupe de sucre

Instructions :

1. Lavez, épluchez et coupez les légumes en petits morceaux.
2. Dans un mixeur, ajoutez les légumes coupés, l'eau, le sel et le sucre. Mixez jusqu'à obtenir une purée lisse.
3. Transférez la purée de légumes dans un bocal en verre propre.
4. Fermez le bocal, mais n'en serrez pas complètement le couvercle pour permettre à l'air de s'échapper pendant la fermentation.
5. Laissez la sauce aux légumes fermenter à température ambiante pendant 2 semaines.
6. Une fois la sauce aux légumes fermentée à votre goût, vous pouvez la conserver au réfrigérateur.

Conseil: Utilisez la sauce aux légumes fermentée comme condiment pour les plats, les sandwiches, les hamburgers et les hot-dogs.

Sauce aux noisettes fermentée

Temps de préparation: 20 minutes | Temps de fermentation: 1 à 2 semaines

Ingrédients :

- 100 g de noisettes
- 250 ml d'eau
- 1 cuillère à café de sel
- 1 cuillère à soupe de sucre

Instructions :

1. Dans une poêle sèche, faites griller les noisettes à feu moyen jusqu'à ce qu'elles deviennent légèrement dorées et dégagent un arôme.
2. Retirez les noisettes de la poêle et laissez-les refroidir.
3. Dans un mixeur, ajoutez les noisettes grillées, l'eau, le sel et le sucre. Mixez jusqu'à obtenir une pâte lisse.
4. Transférez la pâte de noisettes dans un bocal en verre propre.
5. Fermez le bocal, mais n'en serrez pas complètement le couvercle pour permettre à l'air de s'échapper pendant la fermentation.
6. Laissez la sauce aux noisettes fermenter à température ambiante pendant 1 à 2 semaines.
7. Une fois la sauce aux noisettes fermentée à votre goût, vous pouvez la conserver au réfrigérateur.

Conseil: Utilisez la sauce aux noisettes fermentée pour accompagner les desserts, les plats de volaille, les légumes rôtis et les fromages.

Sauce aux piments doux fermentée

Temps de préparation: 15 minutes | Temps de fermentation: 2 semaines

Ingrédients :

- 100 g de piments doux (ajustez la quantité selon votre préférence en termes de piquant)
- 250 ml d'eau
- 1 cuillère à café de sel
- 1 cuillère à soupe de sucre

Instructions :

1. Lavez et égouttez les piments doux, puis hachez-les finement.
2. Dans un mixeur, ajoutez les piments hachés, l'eau, le sel et le sucre. Mixez jusqu'à obtenir une purée lisse.
3. Transférez la purée de piments doux dans un bocal en verre propre.
4. Fermez le bocal, mais n'en serrez pas complètement le couvercle pour permettre à l'air de s'échapper pendant la fermentation.
5. Laissez la sauce aux piments doux fermenter à température ambiante pendant 2 semaines.
6. Une fois la sauce aux piments doux fermentée à votre goût, vous pouvez la conserver au réfrigérateur.

Conseil: Utilisez la sauce aux piments doux fermentée pour relever les plats, les sauces, les marinades et les tacos.

Sauce aux piments forts fermentée

Temps de préparation: 15 minutes | Temps de fermentation: 2 semaines

Ingrédients :

- 100 g de piments forts (ajustez la quantité selon votre préférence en termes de piquant)
- 250 ml d'eau
- 1 cuillère à café de sel
- 1 cuillère à soupe de sucre

Instructions :

1. Lavez et égouttez les piments forts, puis hachez-les finement.
2. Dans un mixeur, ajoutez les piments hachés, l'eau, le sel et le sucre. Mixez jusqu'à obtenir une purée lisse.
3. Transférez la purée de piments forts dans un bocal en verre propre.
4. Fermez le bocal, mais n'en serrez pas complètement le couvercle pour permettre à l'air de s'échapper pendant la fermentation.
5. Laissez la sauce aux piments forts fermenter à température ambiante pendant 2 semaines.
6. Une fois la sauce aux piments forts fermentée à votre goût, vous pouvez la conserver au réfrigérateur.

Conseil: Utilisez la sauce aux piments forts fermentée pour ajouter du piquant à vos plats, notamment les plats épicés, les salsas et les plats mexicains.

Sauce aux prunes fermentée

Temps de préparation: 15 minutes | Temps de fermentation: 1 à 2 semaines

Ingrédients :

- 200 g de prunes dénoyautées
- 250 ml d'eau
- 1 cuillère à café de sel
- 1 cuillère à soupe de sucre

Instructions :

1. Lavez les prunes et retirez les noyaux, puis coupez les prunes en morceaux.
2. Dans un mixeur, ajoutez les morceaux de prunes, l'eau, le sel et le sucre. Mixez jusqu'à obtenir une purée lisse.
3. Transférez la purée de prunes dans un bocal en verre propre.
4. Fermez le bocal, mais n'en serrez pas complètement le couvercle pour permettre à l'air de s'échapper pendant la fermentation.
5. Laissez la sauce aux prunes fermenter à température ambiante pendant 1 à 2 semaines.
6. Une fois la sauce aux prunes fermentée à votre goût, vous pouvez la conserver au réfrigérateur.

Conseil: Utilisez la sauce aux prunes fermentée pour accompagner les plats de viande, les rôtis, les plats asiatiques et les plats à base de volaille.

Sauce barbecue fermentée

Temps de préparation: 20 minutes | Temps de fermentation: 1 à 2 semaines

Ingrédients :

- 250 ml de ketchup
- 100 ml de vinaigre de cidre
- 50 g de sucre brun
- 1 cuillère à café de moutarde
- 1 cuillère à café de poudre de chili
- 1 cuillère à café de sel
- 1/2 cuillère à café de poivre noir
- 1/2 cuillère à café de paprika fumé
- 1 gousse d'ail, hachée
- 1 oignon, haché
- 1 cuillère à soupe de sauce Worcestershire
- 1 cuillère à soupe de sauce soja
- 1 cuillère à soupe de pâte de miso

Instructions :

1. Dans une casserole, mélangez tous les ingrédients, y compris le ketchup, le vinaigre de cidre, le sucre brun, la moutarde, la poudre de chili, le sel, le poivre noir, le paprika fumé, l'ail, l'oignon, la sauce Worcestershire, la sauce soja et la pâte de miso.
2. Portez le mélange à ébullition à feu moyen, puis réduisez le feu et laissez mijoter pendant 15 minutes, en remuant de temps en temps.
3. Laissez le mélange refroidir à température ambiante.
4. Transférez la sauce barbecue dans un bocal en verre propre.
5. Fermez le bocal, mais n'en serrez pas complètement le couvercle pour permettre à l'air de s'échapper pendant la fermentation.
6. Laissez la sauce barbecue fermenter à température ambiante pendant 1 à 2 semaines.
7. Une fois la sauce barbecue fermentée à votre goût, vous pouvez la conserver au réfrigérateur.

Conseil: Utilisez la sauce barbecue fermentée pour assaisonner les viandes grillées, les hamburgers, les ribs, les hot-dogs et d'autres plats barbecue.

Sauce hoisin fermentée

Temps de préparation: 15 minutes | Temps de fermentation: 1 à 2 semaines

Ingrédients :

- 250 ml de sauce hoisin
- 50 ml de sauce soja
- 50 g de sucre brun
- 1 cuillère à café de vinaigre de riz
- 1 cuillère à café de purée d'ail
- 1 cuillère à café de purée de gingembre

Instructions :

1. Dans un bol, mélangez la sauce hoisin, la sauce soja, le sucre brun, le vinaigre de riz, la purée d'ail et la purée de gingembre.
2. Transférez le mélange dans un bocal en verre propre.
3. Fermez le bocal, mais n'en serrez pas complètement le couvercle pour permettre à l'air de s'échapper pendant la fermentation.
4. Laissez la sauce hoisin fermenter à température ambiante pendant 1 à 2 semaines.
5. Une fois la sauce hoisin fermentée à votre goût, vous pouvez la conserver au réfrigérateur.

Conseil: Utilisez la sauce hoisin fermentée comme condiment pour les plats asiatiques, les nems, le canard laqué et les plats sautés.

Sauce soja fermentée

Temps de préparation: 15 minutes | Temps de fermentation: 6 mois à 2 ans

Ingrédients :

- 500 ml de sauce soja
- 100 g de sel

Instructions :

1. Dans un grand récipient en verre, mélangez la sauce soja et le sel.
2. Transférez le mélange dans un bocal en verre propre.
3. Fermez le bocal hermétiquement.
4. Placez le bocal dans un endroit sombre et frais, à une température stable d'environ 15°C (60°F).
5. Laissez la sauce soja fermenter pendant 6 mois à 2 ans pour développer ses saveurs.
6. Après la période de fermentation, filtrez la sauce soja pour retirer les résidus solides.
7. Transférez la sauce soja fermentée dans une bouteille hermétique et conservez-la au réfrigérateur.

Conseil: Utilisez la sauce soja fermentée pour assaisonner les plats, les marinades, les sauces et les trempettes. Elle apportera une saveur umami riche à vos préparations.

Sauce teriyaki fermentée

Temps de préparation: 15 minutes | Temps de fermentation: 2 semaines

Ingrédients :

- 250 ml de sauce soja
- 100 g de sucre brun
- 50 ml de mirin (vin de riz doux)
- 1 cuillère à café de purée d'ail
- 1 cuillère à café de purée de gingembre

Instructions :

1. Dans une casserole, mélangez la sauce soja, le sucre brun, le mirin, la purée d'ail et la purée de gingembre.
2. Portez le mélange à ébullition à feu moyen, puis réduisez le feu et laissez mijoter pendant 10 minutes, en remuant de temps en temps.
3. Laissez le mélange refroidir à température ambiante.
4. Transférez la sauce teriyaki dans un bocal en verre propre.
5. Fermez le bocal, mais n'en serrez pas complètement le couvercle pour permettre à l'air de s'échapper pendant la fermentation.
6. Laissez la sauce teriyaki fermenter à température ambiante pendant 2 semaines.
7. Une fois la sauce teriyaki fermentée à votre goût, vous pouvez la conserver au réfrigérateur.

Conseil: Utilisez la sauce teriyaki fermentée comme marinade pour la viande, le poisson ou les légumes, ou comme sauce pour agrémenter vos plats asiatiques.

Chapitre 3

Aliments fermentés Laitiers

Crème aigre fermentée

Temps de préparation: 10 minutes | Temps de fermentation: 12 à 24 heures | Portions: 240 ml

Ingrédients :

- 240 ml de crème liquide
- 15 ml de yaourt nature (comme starter de fermentation)

Instructions :

1. Dans une casserole, chauffez la crème liquide à feu doux jusqu'à ce qu'elle atteigne environ 43°C (110°F).
2. Retirez la casserole du feu et laissez la crème refroidir jusqu'à ce qu'elle atteigne environ 43°C (110°F).
3. Incorporez délicatement le yaourt nature dans la crème chauffée.
4. Transférez le mélange dans un bocal en verre propre.
5. Fermez le bocal hermétiquement.
6. Laissez la crème aigre fermenter à température ambiante pendant 12 à 24 heures, jusqu'à ce qu'elle atteigne l'épaisseur souhaitée.
7. Une fois la crème aigre fermentée à votre goût, vous pouvez la conserver au réfrigérateur.

Conseil: Utilisez la crème aigre fermentée comme condiment pour accompagner des plats, des pommes de terre au four, ou comme ingrédient dans les recettes de pâtisserie et de cuisine.

Crème épaisse fermentée

Temps de préparation: 10 minutes | Temps de fermentation: 12 à 24 heures | Portions: 240 ml

Ingrédients :

- 240 ml de crème liquide épaisse
- 15 ml de yaourt nature (comme starter de fermentation)

Instructions :

1. Dans une casserole, chauffez la crème liquide épaisse à feu doux jusqu'à ce qu'elle atteigne environ 43°C (110°F).
2. Retirez la casserole du feu et laissez la crème refroidir jusqu'à ce qu'elle atteigne environ 43°C (110°F).
3. Incorporez délicatement le yaourt nature dans la crème chauffée.
4. Transférez le mélange dans un bocal en verre propre.
5. Fermez le bocal hermétiquement.
6. Laissez la crème épaisse fermentée à température ambiante pendant 12 à 24 heures, jusqu'à ce qu'elle atteigne l'épaisseur souhaitée.
7. Une fois la crème épaisse fermentée à votre goût, vous pouvez la conserver au réfrigérateur.

Conseil: Utilisez la crème épaisse fermentée comme garniture pour les desserts, les plats salés, les soupes ou comme ingrédient dans les recettes de cuisine.

Fromage blanc fermenté

Temps de préparation: 15 minutes | Temps de fermentation: 12 à 24 heures | Portions: Varie en fonction de la quantité de lait utilisé

Ingrédients :
- Lait entier (quantité selon vos besoins)
- 1 cuillère à soupe de yaourt nature (comme starter de fermentation)

Instructions :
1. Dans une casserole, chauffez le lait à feu doux jusqu'à ce qu'il atteigne environ 43°C (110°F).
2. Retirez la casserole du feu et laissez le lait refroidir jusqu'à ce qu'il atteigne environ 43°C (110°F).
3. Incorporez délicatement le yaourt nature dans le lait chauffé.
4. Transférez le mélange dans un récipient propre ou un moule adapté pour la fermentation.
5. Couvrez le récipient avec un couvercle ou un film plastique perforé pour permettre à l'air de circuler.
6. Laissez le fromage blanc fermenter à température ambiante pendant 12 à 24 heures, jusqu'à ce qu'il atteigne la consistance désirée.
7. Une fois le fromage blanc fermenté à votre goût, vous pouvez le conserver au réfrigérateur.

Conseil: Utilisez le fromage blanc fermenté comme garniture pour les fruits, les céréales, les desserts ou comme ingrédient dans les recettes de cuisine.

Fromage camembert fermentés

Temps de préparation : 30 minutes | Temps de fermentation : 24

Ingrédients :
- 2 litres de lait entier
- Culture de bactéries lactiques
- Moisissures Penicillium candidum et Penicillium camemberti
- Géotrichum candidum
- Sel
- Présure liquide

Instructions :
1. Chauffez le lait à 32°C (90°F).
2. Ajoutez les cultures de bactéries lactiques, les moisissures, la présure et le sel.
3. Laissez fermenter pendant 24 heures pour que le lait caaille.
4. Coupez le caillé en cubes, placez-le dans des moules et laissez reposer 24 heures.
5. Égouttez, puis laissez mûrir à température ambiante pendant 2 à 4 semaines, en retournant quotidiennement.
6. Réfrigérez une fois la croûte formée.

Fromage cheddar fermentés

Temps de préparation : XX minutes | Temps de fermentation : XX heures | Portions : Varie en fonction de la quantité de lait utilisée

Ingrédients :

- 4 litres de lait entier
- 1/4 de cuillère à café de culture de bactéries lactiques (Thermophilic et Mesophilic)
- 1/8 de cuillère à café de présure liquide
- Sel

Instructions :

1. Chauffez le lait à 32°C (90°F).
2. Ajoutez les cultures de bactéries lactiques et mélangez.
3. Diluez la présure dans un peu d'eau et ajoutez-la au lait. Mélangez doucement.
4. Laissez le lait reposer pendant 1 heure pour permettre la coagulation.
5. Coupez le caillé en petits cubes et remuez doucement pendant 5 minutes.
6. Augmentez la température à 54°C (130°F) tout en remuant.
7. Laissez le caillé reposer pendant 30 minutes.
8. Égouttez le caillé dans une passoire.
9. Saupoudrez de sel sur le caillé et mélangez.
10. Placez le caillé dans un moule et laissez-le reposer à température ambiante pendant 2 jours pour la fermentation.
11. Transférez le fromage dans un réfrigérateur et laissez-le mûrir pendant plusieurs semaines.

Fromage cottage fermentés

Temps de préparation : XX minutes | Temps de fermentation : XX heures

Ingrédients :

- 2 litres de lait entier
- Culture de bactéries lactiques
- Sel (environ 1/2 cuillère à café de sel) Vous pouvez ajuster la quantité de sel selon votre goût, en ajoutant plus ou moins selon vos préférences.

Instructions :

1. Chauffez le lait à 32°C (90°F).
2. Ajoutez les cultures de bactéries lactiques et mélangez.
3. Laissez le lait reposer à température ambiante pendant 12 à 24 heures pour permettre la fermentation. Le lait va cailler et former des petits grains de fromage cottage.
4. Une fois que le caillé est bien formé, égouttez-le à travers un tamis ou une étamine pour séparer le liquide (lactosérum) du fromage cottage.
5. Saupoudrez de sel sur le fromage cottage égoutté et mélangez.
6. Conservez le fromage cottage au réfrigérateur. Il est prêt à être dégusté !

Fromage cottage à l'ail fermentés

Temps de préparation : XX minutes | Temps de fermentation : XX heures

Ingrédients :
- 2 litres de lait entier
- Culture de bactéries lactiques
- Sel (environ 1/2 cuillère à café de sel) Vous pouvez ajuster la quantité de sel selon votre goût, en ajoutant plus ou moins selon vos préférences.
- 4 gousses d'ail, hachées finement

Instructions :
1. Chauffez le lait à 32°C (90°F).
2. Ajoutez les cultures de bactéries lactiques et mélangez.
3. Laissez le lait reposer à température ambiante pendant 12 à 24 heures pour permettre la fermentation. Le lait va cailler et former des petits grains de fromage cottage.
4. Une fois que le caillé est bien formé, égouttez-le à travers un tamis ou une étamine pour séparer le liquide (lactosérum) du fromage cottage.
5. Saupoudrez de sel sur le fromage cottage égoutté et mélangez.
6. Incorporez les gousses d'ail hachées finement dans le fromage cottage.
7. Conservez le fromage cottage à l'ail au réfrigérateur. Il est prêt à être dégusté !

Fromage cottage aux fruits fermentés

Temps de préparation : XX minutes | Temps de fermentation : XX heures

Ingrédients :
- 2 litres de lait entier
- Culture de bactéries lactiques
- Sel
- Fruits de votre choix (comme des morceaux de fraises, de pêches, de mangues, etc.)

Instructions :
1. Chauffez le lait à 32°C (90°F).
2. Ajoutez les cultures de bactéries lactiques et mélangez.
3. Laissez le lait reposer à température ambiante pendant 12 à 24 heures pour permettre la fermentation. Le lait va cailler et former des petits grains de fromage cottage.
4. Une fois que le caillé est bien formé, égouttez-le à travers un tamis ou une étamine pour séparer le liquide (lactosérum) du fromage cottage.
5. Saupoudrez de sel sur le fromage cottage égoutté et mélangez.
6. Incorporez les fruits de votre choix (préalablement coupés en petits morceaux) dans le fromage cottage.
7. Conservez le fromage cottage aux fruits au réfrigérateur. Il est prêt à être dégusté !

Fromage cottage aux herbes fermentés

Ingrédients :
- 2 litres de lait entier
- Culture de bactéries lactiques
- Sel
- Herbes fraîches de votre choix (comme du persil, de la ciboulette, de l'estragon, etc.)

Instructions :
1. Chauffez le lait à 32°C (90°F).
2. Ajoutez les cultures de bactéries lactiques et mélangez.
3. Laissez le lait reposer à température ambiante pendant 12 à 24 heures pour permettre la fermentation. Le lait va cailler et former des petits grains de fromage cottage.
4. Une fois que le caillé est bien formé, égouttez-le à travers un tamis ou une étamine pour séparer le liquide (lactosérum) du fromage cottage.
5. Saupoudrez de sel sur le fromage cottage égoutté et mélangez.
6. Incorporez les herbes fraîches de votre choix finement hachées dans le fromage cottage.
7. Conservez le fromage cottage aux herbes au réfrigérateur. Il est prêt à être dégusté !

Fromage cottage au miel fermentés

Ingrédients :
- 2 litres de lait entier
- Culture de bactéries lactiques
- Sel
- Miel

Instructions :
1. Chauffez le lait à 32°C (90°F).
2. Ajoutez les cultures de bactéries lactiques et mélangez.
3. Laissez le lait reposer à température ambiante pendant 12 à 24 heures pour permettre la fermentation. Le lait va cailler et former des petits grains de fromage cottage.
4. Une fois que le caillé est bien formé, égouttez-le à travers un tamis ou une étamine pour séparer le liquide (lactosérum) du fromage cottage.
5. Saupoudrez de sel sur le fromage cottage égoutté et mélangez.
6. Incorporez le miel au fromage cottage selon votre goût.
7. Conservez le fromage cottage au miel au réfrigérateur. Il est prêt à être dégusté !

Fromage de brebis fermentés

Ingrédients :

- 4 litres de lait de brebis
- 1/4 de cuillère à café de culture de bactéries lactiques
- 1/4 de cuillère à café de présure
- Sel

Instructions :

1. Chauffez le lait de brebis à 32°C (90°F).
2. Ajoutez la culture de bactéries lactiques et la présure, puis mélangez.
3. Laissez le lait reposer à température ambiante pendant 4 à 6 heures pour permettre la fermentation. Le lait va cailler et former des petits grains de fromage.
4. Une fois que le caillé est bien formé, coupez-le en petits morceaux.
5. Égouttez le caillé dans une passoire tapissée d'une étamine pour séparer le liquide (lactosérum) du fromage.
6. Saupoudrez de sel sur le fromage égoutté, en le salant selon votre goût.
7. Rassemblez le fromage dans l'étamine, puis placez un poids léger par-dessus pour presser le fromage et éliminer l'excès de liquide.
8. Laissez le fromage pressé reposer au réfrigérateur pendant 24 heures pour améliorer la texture et le goût.
9. Votre fromage de brebis maison est prêt à être dégusté !

Fromage de brebis fermentés

Ingrédients :

- 4 litres de lait de brebis
- 1/4 de cuillère à café de culture de bactéries lactiques
- 1/4 de cuillère à café de présure
- Sel

Instructions :

1. Chauffez le lait de brebis à 32°C (90°F).
2. Ajoutez la culture de bactéries lactiques et la présure, puis mélangez.
3. Laissez le lait reposer à température ambiante pendant 4 à 6 heures pour permettre la fermentation. Le lait va cailler et former des petits grains de fromage.
4. Une fois que le caillé est bien formé, coupez-le en petits morceaux.
5. Égouttez le caillé dans une passoire tapissée d'une étamine pour séparer le liquide (lactosérum) du fromage.
6. Saupoudrez de sel sur le fromage égoutté, en le salant selon votre goût.
7. Rassemblez le fromage dans l'étamine, puis placez un poids léger par-dessus pour presser le fromage et éliminer l'excès de liquide.
8. Laissez le fromage pressé reposer au réfrigérateur pendant 24 heures pour améliorer la texture et le goût.
9. Votre fromage de brebis maison est prêt à être dégusté !

Fromage de chèvre affiné fermentés

Ingrédients :
- 4 litres de lait de chèvre
- 1/4 de cuillère à café de culture de bactéries lactiques
- 1/4 de cuillère à café de présure
- Sel
- Herbes aromatiques (facultatif)

Instructions :
1. Chauffez le lait de chèvre à 32°C (90°F).
2. Ajoutez la culture de bactéries lactiques et la présure, puis mélangez.
3. Laissez le lait reposer à température ambiante pendant 4 à 6 heures pour permettre la fermentation. Le lait va cailler et former des petits grains de fromage.
4. Une fois que le caillé est bien formé, coupez-le en petits morceaux.
5. Égouttez le caillé dans une passoire tapissée d'une étamine pour séparer le liquide (lactosérum) du fromage.
6. Saupoudrez de sel sur le fromage égoutté, en le salant selon votre goût.
7. Si vous le souhaitez, vous pouvez ajouter des herbes aromatiques hachées au fromage.
8. Rassemblez le fromage dans l'étamine, puis placez un poids léger par-dessus pour presser le fromage et éliminer l'excès de liquide.
9. Laissez le fromage pressé reposer au réfrigérateur pendant 24 heures pour améliorer la texture et le goût.
10. Votre fromage de chèvre affiné maison est prêt à être dégusté !

Fromage de chèvre bleu fermentés

Ingrédients :
- 4 litres de lait de chèvre
- 1/4 de cuillère à café de culture de bactéries lactiques
- 1/4 de cuillère à café de présure
- Sel
- Penicillium Roqueforti (culture de moisissure bleu)

Instructions :
1. Chauffez le lait de chèvre à 32°C (90°F).
2. Ajoutez la culture de bactéries lactiques et la présure, puis mélangez.
3. Laissez le lait reposer à température ambiante pendant 4 à 6 heures pour permettre la fermentation. Le lait va cailler et former des petits grains de fromage.
4. Une fois que le caillé est bien formé, coupez-le en petits morceaux.
5. Égouttez le caillé dans une passoire tapissée d'une étamine pour séparer le liquide (lactosérum) du fromage.
6. Saupoudrez de sel sur le fromage égoutté, en le salant selon votre goût.
7. Saupoudrez la Penicillium Roqueforti sur le fromage (c'est ce qui lui donnera son caractère bleu) et mélangez doucement.
8. Rassemblez le fromage dans l'étamine, puis placez un poids léger par-dessus pour presser le fromage et éliminer l'excès de liquide.
9. Laissez le fromage pressé reposer au réfrigérateur pendant 24 heures pour améliorer la texture et le goût.
10. Votre fromage de chèvre bleu maison est prêt à être dégusté !

Fromage de chèvre frais fermentés.

Ingrédients :

- 4 litres de lait de chèvre
- 1/4 de cuillère à café de culture de bactéries lactiques
- 1/4 de cuillère à café de présure
- Sel
- Herbes aromatiques (facultatif)

Instructions :

1. Chauffez le lait de chèvre à 32°C (90°F).
2. Ajoutez la culture de bactéries lactiques et la présure, puis mélangez.
3. Laissez le lait reposer à température ambiante pendant 4 à 6 heures pour permettre la fermentation. Le lait va cailler et former des petits grains de fromage.
4. Une fois que le caillé est bien formé, coupez-le en petits morceaux.
5. Égouttez le caillé dans une passoire tapissée d'une étamine pour séparer le liquide (lactosérum) du fromage.
6. Saupoudrez de sel sur le fromage égoutté, en le salant selon votre goût.
7. Si vous le souhaitez, vous pouvez ajouter des herbes aromatiques hachées au fromage.
8. Rassemblez le fromage dans l'étamine, puis placez un poids léger par-dessus pour presser le fromage et éliminer l'excès de liquide.
9. Laissez le fromage pressé reposer au réfrigérateur pendant 24 heures pour améliorer la texture et le goût.
10. Votre fromage de chèvre frais maison est prêt à être dégusté !

Fromage de chèvre à croûte lavée fermentés

Ingrédients :

- 4 litres de lait de chèvre
- 1/4 de cuillère à café de culture de bactéries lactiques
- 1/4 de cuillère à café de présure
- Sel
- Bactéries spécifiques pour la croûte lavée (disponibles dans les magasins de produits laitiers artisanaux)

Instructions :

1. Chauffez le lait de chèvre à 32°C (90°F).
2. Ajoutez la culture de bactéries lactiques et la présure, puis mélangez.
3. Laissez le lait reposer à température ambiante pendant 4 à 6 heures pour permettre la fermentation. Le lait va cailler et former des petits grains de fromage.
4. Une fois que le caillé est bien formé, coupez-le en petits morceaux.
5. Égouttez le caillé dans une passoire tapissée d'une étamine pour séparer le liquide (lactosérum) du fromage.
6. Saupoudrez de sel sur le fromage égoutté, en le salant selon votre goût.
7. Appliquez les bactéries spécifiques pour la croûte lavée sur la surface du fromage, en les suivant les instructions du fournisseur.
8. Laissez le fromage reposer dans un endroit frais et humide pendant quelques semaines pour permettre à la croûte de se développer.
9. Votre fromage de chèvre à croûte lavée maison est prêt à être dégusté !

Fromage de chèvre à pâte dure fermentés

Ingrédients :
- 4 litres de lait de chèvre
- 1/4 de cuillère à café de culture de bactéries lactiques
- 1/4 de cuillère à café de présure
- Sel

Instructions :
1. Chauffez le lait de chèvre à 32°C (90°F).
2. Ajoutez la culture de bactéries lactiques et la présure, puis mélangez.
3. Laissez le lait reposer à température ambiante pendant 4 à 6 heures pour permettre la fermentation. Le lait va cailler et former des petits grains de fromage.
4. Une fois que le caillé est bien formé, coupez-le en petits morceaux.
5. Égouttez le caillé dans une passoire tapissée d'une étamine pour séparer le liquide (lactosérum) du fromage.
6. Saupoudrez de sel sur le fromage égoutté, en le salant selon votre goût.
7. Rassemblez le fromage dans l'étamine, puis placez un poids léger par-dessus pour presser le fromage et éliminer l'excès de liquide.
8. Laissez le fromage pressé reposer au réfrigérateur pendant quelques semaines pour qu'il durcisse.
9. Votre fromage de chèvre à pâte dure maison est prêt à être dégusté !

Fromage de chèvre à pâte molle fermentés

Ingrédients :
- 4 litres de lait de chèvre
- 1/4 de cuillère à café de culture de bactéries lactiques
- 1/4 de cuillère à café de présure
- Sel

Instructions :
1. Chauffez le lait de chèvre à 32°C (90°F).
2. Ajoutez la culture de bactéries lactiques et la présure, puis mélangez.
3. Laissez le lait reposer à température ambiante pendant 4 à 6 heures pour permettre la fermentation. Le lait va cailler et former des petits grains de fromage.
4. Une fois que le caillé est bien formé, coupez-le en petits morceaux.
5. Égouttez le caillé dans une passoire tapissée d'une étamine pour séparer le liquide (lactosérum) du fromage.
6. Saupoudrez de sel sur le fromage égoutté, en le salant selon votre goût.
7. Rassemblez le fromage dans l'étamine, puis placez un poids léger par-dessus pour presser le fromage et éliminer l'excès de liquide.
8. Laissez le fromage pressé reposer au réfrigérateur pendant quelques jours pour qu'il développe sa texture molle.
9. Votre fromage de chèvre à pâte molle maison est prêt à être dégusté !

Fromage feta fermentés

Ingrédients :

- 4 litres de lait de chèvre (ou de brebis)
- 1/4 de cuillère à café de culture de bactéries lactiques
- 1/4 de cuillère à café de présure
- Sel

Instructions :

1. Chauffez le lait à 32°C (90°F).
2. Ajoutez la culture de bactéries lactiques et la présure, puis mélangez.
3. Laissez le lait reposer à température ambiante pendant 4 à 6 heures pour permettre la fermentation. Le lait va cailler et former des petits grains de fromage.
4. Une fois que le caillé est bien formé, coupez-le en petits morceaux.
5. Égouttez le caillé dans une passoire tapissée d'une étamine pour séparer le liquide (lactosérum) du fromage.
6. Saupoudrez de sel sur le fromage égoutté, en le salant selon votre goût.
7. Rassemblez le fromage dans l'étamine, puis placez un poids léger par-dessus pour presser le fromage et éliminer l'excès de liquide.
8. Laissez le fromage pressé reposer au réfrigérateur pendant quelques jours pour qu'il développe son goût.
9. Votre fromage feta maison est prêt à être dégusté !

Fromage gouda fermentés

Ingrédients :

- 4 litres de lait
- 1/4 de cuillère à café de culture de bactéries lactiques
- 1/4 de cuillère à café de présure
- Sel

Instructions :

1. Chauffez le lait à 32°C (90°F).
2. Ajoutez la culture de bactéries lactiques et la présure, puis mélangez.
3. Laissez le lait reposer à température ambiante pendant 4 à 6 heures pour permettre la fermentation. Le lait va cailler et former des petits grains de fromage.
4. Une fois que le caillé est bien formé, coupez-le en petits morceaux.
5. Égouttez le caillé dans une passoire tapissée d'une étamine pour séparer le liquide (lactosérum) du fromage.
6. Saupoudrez de sel sur le fromage égoutté, en le salant selon votre goût.
7. Rassemblez le fromage dans l'étamine, puis placez un poids léger par-dessus pour presser le fromage et éliminer l'excès de liquide.
8. Laissez le fromage pressé reposer au réfrigérateur pendant quelques semaines pour qu'il développe son goût et sa texture caractéristiques du Gouda.
9. Votre fromage Gouda maison est prêt à être dégusté !

Fromage halloumi fermentés

Temps de préparation : 10 minutes

Ingrédients :
- 250 g de halloumi
- 2 cuillères à soupe d'huile d'olive
- 1 cuillère à café de jus de citron (facultatif)
- Poivre noir moulu (facultatif)
- Herbes fraîches (par exemple, du basilic, de la menthe ou de l'origan) pour la garniture

Instructions :
1. Commencez par couper le halloumi en tranches d'environ 1 cm d'épaisseur. Vous pouvez le couper en tranches plus épaisses ou plus fines selon votre préférence.
2. Si vous le souhaitez, vous pouvez tremper les tranches de halloumi dans un mélange d'huile d'olive et de jus de citron. Cela ajoutera un peu de saveur et aidera à empêcher le fromage de coller au gril.
3. Préchauffez votre gril à feu moyen-élevé. Assurez-vous que la grille est propre et bien graissée pour éviter que le fromage n'adhère.
4. Placez les tranches de halloumi sur le gril chaud. Laissez-les cuire pendant environ 2 à 3 minutes de chaque côté, ou jusqu'à ce qu'elles soient bien dorées. Le halloumi devrait légèrement ramollir mais ne pas fondre complètement.
5. Vous pouvez également ajouter un peu de poivre noir moulu sur le fromage pendant la cuisson pour plus de saveur.
6. Une fois que le halloumi est grillé des deux côtés, retirez-le du gril et placez-le sur une assiette.
7. Garnissez le halloumi grillé avec des herbes fraîches hachées, comme du basilic, de la menthe ou de l'origan. Ces herbes ajoutent de la fraîcheur à votre plat.
8. Servez le halloumi grillé immédiatement, soit en entrée, en apéritif ou en accompagnement d'une salade ou de légumes grillés.

Fromage mascarpone fermentés

Ingrédients :
- 500 ml de crème épaisse (environ 36% de matière grasse)
- 1 cuillère à soupe de jus de citron frais

Instructions :
1. Versez la crème épaisse dans une casserole et faites chauffer à feu doux, en utilisant un thermomètre pour surveiller la température. Vous voulez atteindre une température d'environ 85°C (185°F), mais veillez à ne pas la faire bouillir.
2. Une fois la crème à la bonne température, retirez-la du feu.
3. Ajoutez le jus de citron frais et mélangez bien pour bien répartir le jus dans la crème. Le jus de citron acidifiera la crème et provoquera la coagulation.
4. Laissez la crème refroidir à température ambiante pendant quelques heures, puis couvrez-la et placez-la au réfrigérateur pour une période de repos d'au moins 8 heures ou toute une nuit.
5. Après la période de repos, vous verrez que la crème s'est épaissie et est devenue crémeuse. C'est votre mascarpone maison !
6. Vous pouvez maintenant l'utiliser dans vos recettes préférées, que ce soit pour des desserts tels que le tiramisu ou pour des plats salés comme les sauces crémeuses.

Fromage mozzarella fermentés

Ingrédients principaux :

- Lait de vache ou de bufflonne
- Ferments lactiques (bactéries lactiques)
- Présure
- Sel

Étapes de fabrication :

1. **Acidification** : Le lait est chauffé et des ferments lactiques sont ajoutés. Ces ferments lactiques comprennent des bactéries telles que Lactococcus et Streptococcus, qui consomment le lactose présent dans le lait et produisent de l'acide lactique. L'acidification du lait est un processus de fermentation qui modifie le pH du lait, ce qui est essentiel pour la coagulation ultérieure.

2. **Coagulation** : Une fois que le lait a atteint le pH approprié, de la présure est ajoutée pour provoquer la coagulation. La présure est une enzyme qui aide à former des caillés solides à partir du lait coagulé. Cela crée une substance solide appelée caillé.

3. **Découpage du caillé** : Le caillé est coupé en morceaux à l'aide d'un outil spécial appelé "spino," créant ainsi de petits morceaux de caillé.

4. **Chauffage et étirement** : Les morceaux de caillé sont chauffés dans de l'eau chaude ou dans un bain de petit-lait pour les ramollir. Ensuite, ils sont étirés et pliés à plusieurs reprises pour former une texture filandreuse caractéristique de la mozzarella.

5. **Salage** : Le fromage mozzarella est ensuite salé à la saumure, ce qui lui donne sa saveur salée caractéristique.

6. **Refroidissement** : Une fois que le fromage est formé, il est refroidi rapidement pour fixer sa forme.

Fromage paneer fermentés

Ingrédients principaux :

- Lait de vache ou de chèvre
- Jus de citron ou vinaigre

Étapes de fabrication :

1. **Chauffage du lait** : Dans une casserole, faites chauffer le lait à feu moyen. Vous pouvez utiliser du lait entier pour obtenir un paneer plus crémeux. Il est important de ne pas faire bouillir le lait, mais de le chauffer jusqu'à ce qu'il commence à frémir.

2. **Acidification** : Une fois que le lait est chaud, ajoutez du jus de citron ou du vinaigre et remuez doucement. L'ajout de l'acide du citron ou du vinaigre provoquera la coagulation du lait. Vous verrez la formation de petits flocons de caillé et un liquide clair, le petit-lait.

3. **Filtration** : Lorsque la coagulation est suffisante, retirez la casserole du feu et laissez-la reposer pendant quelques minutes. Ensuite, filtrez le contenu à travers un tamis fin ou une étamine pour séparer le caillé du petit-lait.

4. **Rinçage** : Vous pouvez rincer le caillé sous de l'eau froide pour éliminer toute trace de citron ou de vinaigre. Cela aide également à refroidir le caillé.

5. **Pressage** : Placez le caillé dans un linge propre et serrez-le pour éliminer l'excès de liquide. Vous pouvez utiliser une planche ou une assiette avec un poids dessus pour presser le caillé pendant quelques heures afin de le compacter.

6. **Découpage et utilisation** : Une fois que le caillé est suffisamment ferme, vous pouvez le découper en cubes ou en morceaux selon votre préférence. Le paneer est prêt à être utilisé dans de nombreuses recettes indiennes, que ce soit dans des plats curry, des desserts ou même en apéritif.

Fromage parmesan fermentés

Temps de préparation: 30 minutes | Temps de fermentation: 20-24 heures

Ingrédients :

- 8 litres de lait de vache cru (idéalement, mais vous pouvez utiliser du lait pasteurisé si nécessaire)
- 1/4 de cuillère à café de ferments lactiques (Streptococcus thermophilus et Lactobacillus bulgaricus)
- 1/4 de cuillère à café de présure
- 1 cuillère à soupe de sel

Matériel nécessaire :

- Une grande cuve en acier inoxydable
- Un thermomètre
- Une passoire
- Un moule à fromage
- Un linge propre
- Des poids pour presser le fromage

Instructions :

1. **Chauffez le lait** : Versez les 8 litres de lait dans la grande cuve en acier inoxydable. Chauffez le lait à une température d'environ 32°C (90°F). Utilisez un thermomètre pour surveiller la température.
2. **Ajoutez les ferments lactiques** : Une fois que le lait atteint la température cible, ajoutez les ferments lactiques en les saupoudrant sur la surface du lait. Remuez doucement pour les incorporer. Laissez le lait reposer pendant 15 minutes pour permettre aux ferments de commencer à agir.
3. **Ajoutez la présure** : Dissolvez la présure dans un peu d'eau et ajoutez-la au lait. Remuez doucement pendant quelques secondes.
4. **Laissez fermenter** : Couvrez la cuve avec un couvercle ou un linge propre et laissez le lait fermenter à température ambiante pendant environ 20-24 heures. La fermentation permettra au lait de cailler.
5. **La formation du caillé** : Après la fermentation, le lait aura formé un caillé. Découpez délicatement le caillé en petits morceaux à l'aide d'un couteau pour obtenir des grains de la taille de grains de riz. Laissez reposer le caillé pendant 5 minutes.
6. **Chauffez le caillé** : Augmentez progressivement la température du caillé jusqu'à environ 54-55°C (129-131°F), en remuant doucement. Laissez le caillé reposer pendant 15 minutes à cette température.
7. **Égouttez le caillé** : Égouttez le caillé dans une passoire recouverte d'un linge propre pour séparer le petit-lait du caillé. Réservez le petit-lait pour un autre usage.
8. Pressage du fromage : Transférez le caillé égoutté dans un moule à fromage, placez un poids sur le dessus pour presser le fromage. Laissez le fromage sous pression pendant environ 24 heures.
9. **Salage** : Retirez le fromage du moule et frottez-le généreusement avec du sel. Laissez le fromage reposer à température ambiante pendant 2 à 4 semaines pour le séchage et la maturation.
10. **Dégustation** : Après la période de maturation, votre fromage Parmesan sera prêt à être dégusté. Il peut être râpé ou servi en fines tranches.

Fromage quark fermentés

Temps de préparation | Temps de fermentation : 30 minutes | 12 à 24 heures

Ingrédients :
- 1 litre de lait entier
- 2 cuillères à soupe de yaourt nature (comme culture bactérienne)
- Une passoire
- Un linge propre (comme un morceau de mousseline)

Instructions :
1. **Chauffez le lait** : Versez le litre de lait entier dans une casserole et chauffez-le doucement jusqu'à ce qu'il atteigne environ 43-46°C (110-115°F). Utilisez un thermomètre pour surveiller la température.
2. **Ajoutez la culture bactérienne** : Lorsque le lait a atteint la température souhaitée, retirez-le du feu. Incorporez les 2 cuillères à soupe de yaourt nature dans le lait chaud en remuant pour bien mélanger. Cette culture bactérienne aidera le lait à fermenter et à cailler.
3. **Laissez fermenter** : Versez le lait avec la culture bactérienne dans un récipient propre et couvrez-le. Laissez reposer à température ambiante pendant 12 à 24 heures pour permettre au lait de fermenter et de cailler. Plus vous laissez reposer longtemps, plus le fromage quark sera fermenté et aigre.
4. **Égouttez le caillé** : Une fois que le lait a caillé et que la texture est semblable à celle d'un yaourt épais, placez une passoire sur un grand bol et recouvrez-la d'un linge propre, comme de la mousseline. Versez le caillé dans la passoire pour égoutter le liquide.
5. **Égouttage** : Laissez le caillé s'égoutter pendant 2 à 6 heures, ou plus longtemps si vous préférez un fromage quark plus épais. Plus vous le laissez égoutter, plus il deviendra épais.
6. **Transfert** : Une fois que le fromage quark a atteint la consistance souhaitée, transférez-le dans un récipient propre. Vous pouvez le conserver au réfrigérateur jusqu'à une semaine.

Fromage Ricotta Fermenté

Temps de préparation : 15 minutes | Temps de fermentation : 10 à 15 minutes

Ingrédients :
- 1 litre de lait entier
- 1/4 de cuillère à café de sel
- 2 cuillères à soupe de vinaigre blanc ou de jus de citron

Instructions :
1. Dans une casserole, versez le lait entier et chauffez-le à feu doux. Utilisez un thermomètre pour surveiller la température. Chauffez le lait jusqu'à ce qu'il atteigne environ 85°C (185°F).
2. Lorsque le lait atteint la température souhaitée, ajoutez le sel et remuez pour bien le dissoudre.
3. Retirez la casserole du feu et ajoutez les 2 cuillères à soupe de vinaigre blanc ou de jus de citron. Remuez doucement pour incorporer.
4. Laissez le mélange reposer à température ambiante pendant environ 10 à 15 minutes. Pendant cette période, le lait devrait cailler, formant des petits morceaux solides de ricotta.
5. Placez une passoire ou un tamis sur un grand bol et recouvrez-le d'un linge propre, comme de la mousseline. Versez le mélange de lait caillé dans la passoire pour égoutter le liquide. Laissez-le égoutter pendant environ 1 à 2 heures, ou jusqu'à ce que la ricotta atteigne la consistance désirée.
6. Transférez la ricotta égouttée dans un récipient propre. Elle est maintenant prête à être utilisée. Vous pouvez la déguster nature, l'ajouter à des plats salés ou sucrés, ou l'utiliser comme ingrédient dans diverses recettes.

Fromage Suisse Fermenté

Temps de préparation : Variable | Temps de fermentation : Variable

Ingrédients :

- 4 litres de lait entier
- 1/4 cuillère à café de ferments lactiques pour fromage suisse (Streptococcus thermophilus et Lactobacillus helveticus)
- 1/4 cuillère à café de présure liquide
- 1 cuillère à soupe de sel
- Matériel nécessaire :
- Une grande cuve en acier inoxydable
- Un thermomètre
- Un moule à fromage
- Un linge propre (pour le moulage)
- Une presse à fromage
- Un endroit frais pour l'affinage

Instructions :

1. Chauffez le lait à environ 32-33°C (90-91°F).
2. Ajoutez les ferments lactiques et la présure, puis laissez fermenter pendant 40-50 minutes.
3. Découpez le caillé et chauffez-le à 55°C (131°F).
4. Égouttez le caillé, puis pressez-le dans un moule.
5. Saupoudrez de sel, laissez reposer 2 jours à température ambiante, en le retournant.
6. Transférez pour l'affinage pendant plusieurs mois.

Fromage à Pâte Dure Fermenté

Temps de préparation : Variable | Temps de fermentation : Variable

Ingrédients :

- 4 litres de lait entier
- 1/4 cuillère à café de ferments lactiques pour fromage à pâte dure (culture bactérienne spécifique)
- 1/4 cuillère à café de présure liquide
- 1 cuillère à soupe de sel

Matériel nécessaire :

- Une grande cuve en acier inoxydable
- Un thermomètre
- Un moule à fromage
- Un linge propre (pour le moulage)
- Une presse à fromage
- Un endroit frais pour l'affinage

Instructions :

1. Chauffez le lait à environ 32-33°C (90-91°F).
2. Ajoutez les ferments lactiques et la présure, puis laissez fermenter pendant 40-50 minutes.
3. Découpez le caillé et chauffez-le à 55°C (131°F).
4. Égouttez le caillé, puis pressez-le dans un moule.
5. Saupoudrez de sel, laissez reposer 2 jours à température ambiante, en le retournant.
6. Transférez pour l'affinage pendant plusieurs mois.

Fromage à Pâte Lavée Fermenté

Temps de préparation : Variable | Temps de fermentation : Variable

Ingrédients :
- 4 litres de lait entier
- 1/4 cuillère à café de ferments lactiques pour fromage à pâte lavée (culture bactérienne spécifique)
- 1/4 cuillère à café de présure liquide
- 1 cuillère à soupe de sel

Matériel nécessaire :
- Une grande cuve en acier inoxydable
- Un thermomètre
- Un moule à fromage
- Un linge propre (pour le moulage)
- Une presse à fromage
- Un endroit frais pour l'affinage

Instructions :
1. Chauffez le lait à environ 32-33°C (90-91°F).
2. Ajoutez les ferments lactiques et la présure, puis laissez fermenter pendant 40-50 minutes.
3. Découpez le caillé et chauffez-le à 55°C (131°F).
4. Égouttez le caillé, puis pressez-le dans un moule.
5. Saupoudrez de sel, laissez reposer 2 jours à température ambiante, en le retournant.
6. Transférez pour l'affinage dans un endroit frais et humide, en le lavant périodiquement avec une saumure (solution d'eau salée) pour favoriser le développement de la croûte caractéristique.

Fromage à Pâte Pressée Cuite Fermenté

Temps de préparation : Variable | Temps de fermentation : Variable

Ingrédients :
- 4 litres de lait entier
- 1/4 cuillère à café de ferments lactiques pour fromage à pâte pressée cuite (culture bactérienne spécifique)
- 1/4 cuillère à café de présure liquide
- 1 cuillère à soupe de sel

Matériel nécessaire :
- Une grande cuve en acier inoxydable
- Un thermomètre
- Un moule à fromage
- Un linge propre (pour le moulage)
- Une presse à fromage
- Un endroit frais pour l'affinage

Instructions :
1. Chauffez le lait à environ 32-33°C (90-91°F).
2. Ajoutez les ferments lactiques et la présure, puis laissez fermenter pendant 40-50 minutes.
3. Découpez le caillé et chauffez-le à 55°C (131°F).
4. Égouttez le caillé, puis pressez-le dans un moule.
5. Saupoudrez de sel, laissez reposer 2 jours à température ambiante, en le retournant.
6. Transférez pour l'affinage dans un endroit frais et humide. La durée d'affinage dépend du résultat souhaité, mais elle peut aller de plusieurs semaines à plusieurs mois.

Fromage à Pâte Pressée Non Cuite Fermenté

Temps de préparation : Variable | Temps de fermentation : Variable

Ingrédients :
- 4 litres de lait entier
- 1/4 cuillère à café de ferments lactiques pour fromage à pâte pressée non cuite (culture bactérienne spécifique)
- 1/4 cuillère à café de présure liquide
- 1 cuillère à soupe de sel

Matériel nécessaire :
- Une grande cuve en acier inoxydable
- Un thermomètre
- Un moule à fromage
- Un linge propre (pour le moulage)
- Une presse à fromage
- Un endroit frais pour l'affinage

Instructions :
1. Chauffez le lait à environ 32-33°C (90-91°F).
2. Ajoutez les ferments lactiques et la présure, puis laissez fermenter pendant 40-50 minutes.
3. Découpez le caillé, puis laissez-le reposer pendant environ 10-15 minutes pour permettre l'écoulement du petit-lait.
4. Transférez le caillé dans un moule à fromage et pressez-le doucement avec une presse à fromage.
5. Saupoudrez de sel, laissez reposer 2 jours à température ambiante, en le retournant à mi-chemin.
6. Transférez pour l'affinage dans un endroit frais et humide. La durée d'affinage dépend du résultat souhaité, mais elle peut aller de plusieurs semaines à plusieurs mois.

Chapitre 4

Aliments fermentés fruits

Aubergines Fermentées

Temps de préparation : 20 minutes | Temps de fermentation : 3 à 7 jours

Ingrédients :

- Aubergines (quantité selon votre préférence)
- Sel de mer
- Eau sans chlore

- Matériel nécessaire :
- Un bocal en verre propre avec couvercle
- Un poids pour maintenir les aubergines immergées

Instructions :

1. Lavez soigneusement les aubergines et coupez-les en morceaux ou en rondelles, selon vos préférences.
2. Préparez une saumure en mélangeant 1 litre d'eau avec 20 à 30 g de sel de mer, en veillant à bien dissoudre le sel.
3. Placez les morceaux d'aubergines dans le bocal en verre et versez la saumure sur les aubergines pour les couvrir complètement.
4. Placez un poids propre sur les aubergines pour les maintenir immergées dans la saumure.
5. Fermez le bocal avec un couvercle, mais ne serrez pas trop.
6. Laissez le bocal à température ambiante dans un endroit sombre pendant 3 à 7 jours. Les aubergines commenceront à fermenter, et vous pouvez goûter régulièrement pour déterminer le degré de fermentation qui vous convient.
7. Une fois que les aubergines ont atteint la saveur désirée, retirez le poids, fermez hermétiquement le bocal et réfrigérez les aubergines fermentées. La réfrigération ralentira le processus de fermentation.

Avocats Fermentés

Temps de préparation : 15 minutes | Temps de fermentation : 3 à 5 jours

Ingrédients :

- Avocats (quantité selon votre préférence)
- Sel de mer
- Eau sans chlore
- Matériel nécessaire :
- Un bocal en verre propre avec couvercle
- Un poids pour maintenir les avocats immergés

1. **Instructions :**
2. Épluchez, dénoyautez et coupez les avocats en morceaux.
3. Préparez une saumure en mélangeant 1 litre d'eau avec 20 à 30 g de sel de mer, en veillant à bien dissoudre le sel.
4. Placez les morceaux d'avocats dans le bocal en verre et versez la saumure sur les avocats pour les couvrir complètement.
5. Placez un poids propre sur les avocats pour les maintenir immergés dans la saumure.
6. Fermez le bocal avec un couvercle, mais ne serrez pas trop.
7. Laissez le bocal à température ambiante dans un endroit sombre pendant 3 à 5 jours. Les avocats commenceront à fermenter, et vous pouvez goûter régulièrement pour déterminer le degré de fermentation qui vous convient.
8. Une fois que les avocats ont atteint la saveur désirée, retirez le poids, fermez hermétiquement le bocal et réfrigérez les avocats fermentés. La réfrigération ralentira le processus de fermentation.

Bananes Fermentées

Temps de préparation : 15 minutes | Temps de fermentation : 3 à 5 jours

Ingrédients :

- Bananes (quantité selon votre préférence)
- Sel de mer
- Eau sans chlore
- Matériel nécessaire :
- Un bocal en verre propre avec couvercle
- Un poids pour maintenir les bananes immergées

Instructions :

1. Épluchez les bananes et coupez-les en morceaux ou en rondelles.
2. Préparez une saumure en mélangeant 1 litre d'eau avec 20 à 30 g de sel de mer, en veillant à bien dissoudre le sel.
3. Placez les morceaux de bananes dans le bocal en verre et versez la saumure sur les bananes pour les couvrir complètement.
4. Placez un poids propre sur les bananes pour les maintenir immergées dans la saumure.
5. Fermez le bocal avec un couvercle, mais ne serrez pas trop.
6. Laissez le bocal à température ambiante dans un endroit sombre pendant 3 à 5 jours. Les bananes commenceront à fermenter, et vous pouvez goûter régulièrement pour déterminer le degré de fermentation qui vous convient.
7. Une fois que les bananes ont atteint la saveur désirée, retirez le poids, fermez hermétiquement le bocal et réfrigérez les bananes fermentées. La réfrigération ralentira le processus de fermentation.

Bananes Plantains Fermentées

Temps de préparation : 20 minutes | Temps de fermentation : 3 à 5 jours

Ingrédients :
- Bananes plantains (quantité selon votre préférence)
- Sel de mer
- Eau sans chlore

Matériel nécessaire :
- Un bocal en verre propre avec couvercle
- Un poids pour maintenir les bananes plantains immergées

Instructions :
1. Épluchez les bananes plantains et coupez-les en morceaux ou en rondelles.
2. Préparez une saumure en mélangeant 1 litre d'eau avec 20 à 30 g de sel de mer, en veillant à bien dissoudre le sel.
3. Placez les morceaux de bananes plantains dans le bocal en verre et versez la saumure sur les bananes plantains pour les couvrir complètement.
4. Placez un poids propre sur les bananes plantains pour les maintenir immergées dans la saumure.
5. Fermez le bocal avec un couvercle, mais ne serrez pas trop.
6. Laissez le bocal à température ambiante dans un endroit sombre pendant 3 à 5 jours. Les bananes plantains commenceront à fermenter, et vous pouvez goûter régulièrement pour déterminer le degré de fermentation qui vous convient.
7. Une fois que les bananes plantains ont atteint la saveur désirée, retirez le poids, fermez hermétiquement le bocal et réfrigérez les bananes plantains fermentées. La réfrigération ralentira le processus de fermentation.

Betteraves Fermentées

Temps de préparation : 20 minutes | Temps de fermentation : 7 à 14 jours

Ingrédients :
- Betteraves (quantité selon votre préférence)
- Sel de mer
- Eau sans chlore

Matériel nécessaire :
- Un bocal en verre propre avec couvercle
- Un poids pour maintenir les betteraves immergées

Instructions :
1. Lavez soigneusement les betteraves et épluchez-les si nécessaire. Coupez-les en morceaux ou en tranches.
2. Préparez une saumure en mélangeant 1 litre d'eau avec 20 à 30 g de sel de mer, en veillant à bien dissoudre le sel.
3. Placez les morceaux de betteraves dans le bocal en verre et versez la saumure sur les betteraves pour les couvrir complètement.
4. Placez un poids propre sur les betteraves pour les maintenir immergées dans la saumure.
5. Fermez le bocal avec un couvercle, mais ne serrez pas trop.
6. Laissez le bocal à température ambiante dans un endroit sombre pendant 7 à 14 jours. Les betteraves commenceront à fermenter, et vous pouvez goûter régulièrement pour déterminer le degré de fermentation qui vous convient.
7. Une fois que les betteraves ont atteint la saveur désirée, retirez le poids, fermez hermétiquement le bocal et réfrigérez les betteraves fermentées. La réfrigération ralentira le processus de fermentation.

Cassis Fermentés

Temps de préparation : 20 minutes | Temps de fermentation : 2 à 4 semaines

Ingrédients :
- Cassis (quantité selon votre préférence)
- Sucre
- Eau sans chlore

Matériel nécessaire :
- Un bocal en verre propre avec couvercle
- Un poids pour maintenir les cassis immergés

Instructions :
1. Lavez soigneusement les cassis et retirez les tiges. Vous pouvez les laisser entiers ou les écraser légèrement.
2. Préparez un sirop en mélangeant de l'eau chaude avec du sucre. Utilisez environ 100 g de sucre pour 1 litre d'eau. Dissolvez le sucre dans l'eau chaude et laissez refroidir.
3. Placez les cassis dans le bocal en verre et versez le sirop sur les cassis pour les couvrir complètement.
4. Placez un poids propre sur les cassis pour les maintenir immergés dans le sirop.
5. Fermez le bocal avec un couvercle, mais ne serrez pas trop.
6. Laissez le bocal à température ambiante dans un endroit sombre pendant 2 à 4 semaines. Les cassis fermenteront et développeront une saveur acidulée.
7. Une fois que les cassis ont atteint la saveur désirée, retirez le poids, fermez hermétiquement le bocal et réfrigérez les cassis fermentés. La réfrigération ralentira le processus de fermentation.

Cerises Fermentées

Temps de préparation : 20 minutes | Temps de fermentation : 2 à 4 semaines

Ingrédients :
- Cerises (quantité selon votre préférence)
- Sucre
- Eau sans chlore

Matériel nécessaire :
- Un bocal en verre propre avec couvercle
- Un poids pour maintenir les cerises immergées

Instructions :
1. Lavez soigneusement les cerises et retirez les noyaux si vous le souhaitez. Vous pouvez les laisser entières ou les dénoyauter.
2. Préparez un sirop en mélangeant de l'eau chaude avec du sucre. Utilisez environ 100 g de sucre pour 1 litre d'eau. Dissolvez le sucre dans l'eau chaude et laissez refroidir.
3. Placez les cerises dans le bocal en verre et versez le sirop sur les cerises pour les couvrir complètement.
4. Placez un poids propre sur les cerises pour les maintenir immergées dans le sirop.
5. Fermez le bocal avec un couvercle, mais ne serrez pas trop.
6. Laissez le bocal à température ambiante dans un endroit sombre pendant 2 à 4 semaines. Les cerises fermenteront et développeront une saveur acidulée.
7. Une fois que les cerises ont atteint la saveur désirée, retirez le poids, fermez hermétiquement le bocal et réfrigérez les cerises fermentées. La réfrigération ralentira le processus de fermentation.

Citrons Fermentés

Temps de préparation : 15 minutes | Temps de fermentation : 2 à 4 semaines

Ingrédients :
- Citrons biologiques (quantité selon votre préférence)
- Sel de mer

Matériel nécessaire :
- Un bocal en verre propre avec couvercle

Instructions :
1. Lavez soigneusement les citrons. Coupez-les en quartiers, mais ne les séparez pas complètement. Les quartiers doivent rester attachés à la base.
2. Saupoudrez une fine couche de sel au fond du bocal en verre.
3. Placez les citrons dans le bocal en verre en les pressant fermement pour qu'ils libèrent du jus.
4. Saupoudrez une fine couche de sel sur les citrons.
5. Fermez le bocal avec un couvercle.
6. Laissez le bocal à température ambiante dans un endroit sombre pendant 2 à 4 semaines. Les citrons fermenteront, et vous pouvez goûter régulièrement pour déterminer le degré de fermentation qui vous convient.
7. Une fois que les citrons ont atteint la saveur désirée, réfrigérez-les pour ralentir le processus de fermentation.

Citrouille Fermentée

Temps de préparation : 30 minutes | Temps de fermentation : 3 à 7 jours

Ingrédients :
- Citrouille (quantité selon votre préférence)
- Sel de mer
- Eau sans chlore

Matériel nécessaire :
- Un bocal en verre propre avec couvercle
- Un poids pour maintenir les morceaux de citrouille immergés

Instructions :
1. Épluchez la citrouille et retirez les graines. Coupez la citrouille en petits morceaux ou en dés.
2. Préparez une saumure en mélangeant 1 litre d'eau avec 20 à 30 g de sel de mer, en veillant à bien dissoudre le sel.
3. Placez les morceaux de citrouille dans le bocal en verre et versez la saumure sur les morceaux de citrouille pour les couvrir complètement.
4. Placez un poids propre sur les morceaux de citrouille pour les maintenir immergés dans la saumure.
5. Fermez le bocal avec un couvercle, mais ne serrez pas trop.
6. Laissez le bocal à température ambiante dans un endroit sombre pendant 3 à 7 jours. Les morceaux de citrouille commenceront à fermenter, et vous pouvez goûter régulièrement pour déterminer le degré de fermentation qui vous convient.
7. Une fois que les morceaux de citrouille ont atteint la saveur désirée, retirez le poids, fermez hermétiquement le bocal et réfrigérez les morceaux de citrouille fermentés. La réfrigération ralentira le processus de fermentation.

Concombres fermentés

Temps de préparation : 10 à 15 minutes | Temps de fermentation : 2 à 4 jours à température ambiante, suivi d'une conservation au réfrigérateur pendant plusieurs mois.

Ingrédients :

- Concombres (environ 6 à 8, de petite taille)
- 2 cuillères à soupe de sel (de mer ou de table, sans iode)
- Eau filtrée

Instructions :

1. Lavez soigneusement les concombres et coupez les extrémités. Vous pouvez les laisser entiers ou les couper en rondelles, en quartiers ou en tranches, selon vos préférences.
2. Dans un grand bol, mélangez les concombres avec 2 cuillères à soupe de sel. Assurez-vous que le sel est bien réparti sur les concombres.
3. Laissez reposer les concombres salés pendant environ 1 à 2 heures à température ambiante. Cela permettra aux concombres de libérer leur eau.
4. Égouttez l'eau des concombres salés.
5. Placez les concombres dans un bocal en verre propre, en les tassant bien pour qu'ils soient bien serrés.
6. Versez de l'eau filtrée sur les concombres pour les immerger complètement. Assurez-vous qu'il ne reste pas d'air emprisonné. Vous pouvez utiliser un poids (comme une petite assiette) pour maintenir les concombres sous l'eau.
7. Fermez le bocal hermétiquement.
8. Laissez le bocal à température ambiante, à l'abri de la lumière directe du soleil, pendant 2 à 4 jours. La durée de la fermentation dépend de la température ambiante. Plus il fait chaud, plus la fermentation sera rapide.
9. Goûtez les concombres fermentés après 2 jours pour vérifier s'ils ont atteint le niveau de fermentation souhaité. Lorsqu'ils ont la saveur aigre-douce que vous aimez, transférez le bocal au réfrigérateur pour ralentir davantage la fermentation. Ils peuvent être conservés au réfrigérateur pendant plusieurs mois.
10. Les concombres fermentés sont prêts à être dégustés ! Servez-les en accompagnement, dans des sandwiches, des salades ou comme collation.

Courgettes Fermentées

Temps de préparation : 15 minutes | Temps de fermentation : 3 à 7 jours

Ingrédients :

- Courgettes (environ 4 à 6 courgettes, de petite à moyenne taille)
- 2 cuillères à soupe de sel (de mer ou de table, sans iode)
- Eau filtrée
- Ail, herbes (comme l'aneth, le basilic, ou le thym), et piments rouges séchés (facultatifs, pour plus de saveur)

Instructions :

1. Lavez soigneusement les courgettes et coupez les extrémités. Vous pouvez les laisser entières, les couper en rondelles ou en quartiers selon vos préférences.
2. Préparez une saumure en mélangeant 2 cuillères à soupe de sel dans 1 litre d'eau filtrée. Remuez jusqu'à ce que le sel soit complètement dissous.
3. Si vous le souhaitez, ajoutez de l'ail, des herbes et des piments rouges séchés au fond du bocal en verre.
4. Placez les courgettes dans le bocal, en les tassant bien pour qu'elles soient bien serrées.
5. Versez la saumure sur les courgettes jusqu'à ce qu'elles soient complètement immergées. Assurez-vous qu'il ne reste pas d'air emprisonné. Vous pouvez utiliser un poids pour maintenir les courgettes sous la saumure.
6. Fermez le bocal hermétiquement.
7. Laissez le bocal à température ambiante, à l'abri de la lumière directe du soleil, pendant 3 à 7 jours. La durée de la fermentation dépend de la température ambiante. Plus il fait chaud, plus la fermentation sera rapide.
8. Goûtez les courgettes fermentées après 3 jours pour vérifier s'ils ont atteint le niveau de fermentation souhaité. Lorsqu'elles ont la saveur aigre-douce que vous aimez, transférez le bocal au réfrigérateur pour ralentir davantage la fermentation. Elles peuvent être conservées au réfrigérateur pendant plusieurs mois.
9. Les courgettes fermentées sont prêtes à être dégustées ! Servez-les en accompagnement, dans des sandwiches, des salades ou comme collation.

Fraises Fermentées

Temps de préparation : 15 minutes | Temps de fermentation : 1 à 2 jours

Ingrédients :

- Fraises fraîches (environ 300 à 450 grammes)
- 1 cuillère à soupe de sel (de mer ou de table, sans iode)
- 1 litre d'eau filtrée
- Une cuillère à café de sucre (facultatif, pour la fermentation)

Instructions :

1. Lavez soigneusement les fraises et retirez les tiges. Vous pouvez les couper en deux si elles sont grosses.
2. Préparez une saumure en mélangeant 1 cuillère à soupe de sel dans 1 litre d'eau filtrée. Si vous le souhaitez, ajoutez une petite quantité de sucre pour aider à démarrer la fermentation. Remuez jusqu'à ce que le sel (et le sucre) soit complètement dissous.
3. Placez les fraises dans un bocal en verre propre.
4. Versez la saumure sur les fraises jusqu'à ce qu'elles soient complètement immergées. Assurez-vous qu'il ne reste pas d'air emprisonné. Vous pouvez utiliser un poids pour maintenir les fraises sous la saumure.
5. Fermez le bocal hermétiquement.
6. Laissez le bocal à température ambiante, à l'abri de la lumière directe du soleil, pendant 1 à 2 jours. Les fraises fermenteront rapidement en raison de leur teneur en sucre.
7. Goûtez les fraises fermentées après 1 jour pour vérifier si elles ont atteint la saveur aigre-douce désirée. Lorsqu'elles sont prêtes, transférez le bocal au réfrigérateur pour ralentir davantage la fermentation. Elles peuvent être conservées au réfrigérateur pendant quelques semaines.
8. Les fraises fermentées sont prêtes à être dégustées ! Utilisez-les comme garniture, dans des salades, ou simplement comme collation originale.

Framboises Fermentées

Temps de préparation : 15 minutes | Temps de fermentation : 1 à 2 jours

Ingrédients :

- Framboises fraîches (environ 300 à 450 grammes)
- 1 cuillère à soupe de sel (de mer ou de table, sans iode)
- 1 litre d'eau filtrée
- Une cuillère à café de sucre (facultatif, pour la fermentation)

Instructions :

1. Lavez soigneusement les framboises, égouttez-les et placez-les dans un bocal en verre propre.
2. Préparez une saumure en mélangeant 1 cuillère à soupe de sel dans 1 litre d'eau filtrée. Vous pouvez également ajouter une petite quantité de sucre pour aider à démarrer la fermentation. Remuez jusqu'à ce que le sel (et le sucre) soit complètement dissous.
3. Versez la saumure sur les framboises dans le bocal jusqu'à ce qu'elles soient complètement immergées. Assurez-vous qu'il ne reste pas d'air emprisonné. Vous pouvez utiliser un poids pour maintenir les framboises sous la saumure.
4. Fermez le bocal hermétiquement.
5. Laissez le bocal à température ambiante, à l'abri de la lumière directe du soleil, pendant 1 à 2 jours. Comme les framboises sont riches en sucre, elles fermentent rapidement.
6. Goûtez les framboises fermentées après 1 jour pour vérifier si elles ont atteint la saveur aigre-douce souhaitée. Lorsqu'elles sont prêtes, transférez le bocal au réfrigérateur pour ralentir davantage la fermentation. Elles peuvent être conservées au réfrigérateur pendant quelques semaines.
7. Les framboises fermentées sont prêtes à être dégustées ! Utilisez-les comme garniture, dans des desserts, des salades, ou comme une collation originale.

Gojis Réhydratés (Pas de fermentation)

Temps de préparation : 5 minutes | Temps de trempage : 24 heures

Ingrédients :
- Baies de goji séchées
- Eau non chlorée

Instructions :
1. Rincez brièvement les baies de goji sous l'eau froide pour les nettoyer.
2. Placez les baies de goji dans un bocal en verre propre. Vous pouvez utiliser un petit bocal si vous en avez peu, ou un plus grand si vous avez beaucoup de baies.
3. Versez de l'eau non chlorée sur les baies de goji pour les couvrir complètement. Assurez-vous que les baies sont immergées dans l'eau.
4. Fermez le bocal avec un couvercle hermétique.
5. Laissez les baies de goji tremper dans l'eau à température ambiante pendant environ 24 heures.
6. Une fois que les baies de goji ont ramolli et absorbé de l'eau, vous pouvez les égoutter.
- Vos gojis réhydratés sont maintenant prêts à être consommés. Vous pouvez les ajouter à vos céréales, smoothies, yaourts, ou les déguster tels quels.

Grenades Fermentées Faciles

Temps de préparation : 10 minutes | Temps de fermentation : 2 à 4 jours

Ingrédients :
- Grenades mûres
- Sel de mer

Instructions :
1. Coupez les grenades en quartiers et retirez les graines de l'intérieur.
2. Placez les graines de grenade dans un bocal en verre propre. Remplissez le bocal à environ deux tiers de sa capacité.
3. Saupoudrez une petite quantité de sel de mer sur les graines de grenade. Le sel aidera à la fermentation.
4. Ajoutez suffisamment d'eau non chlorée pour couvrir les graines de grenade.
5. Fermez le bocal avec un couvercle hermétique.
6. Laissez le bocal à température ambiante, à l'abri de la lumière directe du soleil, pendant 2 à 4 jours. Plus la température est élevée, plus la fermentation sera rapide.
7. Pendant la fermentation, vous pouvez ouvrir le bocal une fois par jour pour relâcher les gaz accumulés, puis refermez-le.
8. Une fois que les grenades ont atteint le niveau de fermentation souhaité, retirez le bocal et conservez-le au réfrigérateur pour ralentir davantage la fermentation.
- Vos grenades fermentées sont maintenant prêtes à être dégustées. Vous pouvez les utiliser comme garniture dans les salades, les plats à base de viande, ou les consommer telles quelles.

Kiwis Fermentés

Temps de préparation : 15 minutes | Temps de fermentation : 2 à 3 jours

Ingrédients :
- Kiwis mûrs
- Eau non chlorée

Instructions :
1. Commencez par choisir des kiwis mûrs et propres.
2. Épluchez les kiwis et coupez-les en petits morceaux.
3. Placez les morceaux de kiwi dans un bocal en verre propre. Remplissez le bocal jusqu'à environ un tiers de sa capacité.
4. Ajoutez de l'eau non chlorée pour couvrir les morceaux de kiwi. Assurez-vous que les kiwis sont complètement immergés.
5. Fermez le bocal avec un couvercle hermétique.
6. Laissez le bocal à température ambiante, à l'abri de la lumière directe du soleil, pendant 2 à 3 jours. Plus la température est élevée, plus la fermentation sera rapide.
7. Pendant la fermentation, vous pouvez ouvrir le bocal une fois par jour pour relâcher les gaz accumulés, puis refermez-le.
8. Une fois que les kiwis ont atteint le niveau de fermentation souhaité, retirez le bocal et conservez-le au réfrigérateur pour ralentir davantage la fermentation.
- Vos kiwis fermentés sont maintenant prêts à être dégustés. Vous pouvez les ajouter à des smoothies, des yaourts, des desserts, ou les consommer tels quels.

Litchis Fermentés

Temps de préparation : 15 minutes | Temps de fermentation : 2 à 3 jours

Ingrédients :
- Litchis frais et mûrs

Instructions :
1. Commencez par choisir des litchis frais et mûrs.
2. Épluchez les litchis et retirez les noyaux.
3. Placez les litchis épluchés dans un bocal en verre propre. Remplissez le bocal jusqu'à environ un tiers de sa capacité.
4. Fermez le bocal avec un couvercle hermétique.
5. Laissez le bocal à température ambiante, à l'abri de la lumière directe du soleil, pendant 2 à 3 jours. Plus la température est élevée, plus la fermentation sera rapide.
6. Pendant la fermentation, vous pouvez ouvrir le bocal une fois par jour pour relâcher les gaz accumulés, puis refermez-le.
7. Une fois que les litchis ont atteint le niveau de fermentation souhaité, retirez le bocal et conservez-le au réfrigérateur pour ralentir davantage la fermentation.
- Vos litchis fermentés sont maintenant prêts à être dégustés. Vous pouvez les consommer tels quels, les ajouter à des salades de fruits, ou les utiliser dans des préparations culinaires.

Mangues Fermentées

Temps de préparation : 15 minutes | Temps de fermentation : 2 à 3 jours

Ingrédients :
- Mangues mûres

Instructions :
1. Commencez par choisir des mangues mûres et saines.
2. Épluchez les mangues et retirez la chair du noyau. Coupez la chair de la mangue en petits morceaux.
3. Placez les morceaux de mangue dans un bocal en verre propre. Remplissez le bocal jusqu'à environ un tiers de sa capacité.
4. Fermez le bocal avec un couvercle hermétique.
5. Laissez le bocal à température ambiante, à l'abri de la lumière directe du soleil, pendant 2 à 3 jours. Plus la température est élevée, plus la fermentation sera rapide.
6. Pendant la fermentation, vous pouvez ouvrir le bocal une fois par jour pour relâcher les gaz accumulés, puis refermez-le.
7. Une fois que les morceaux de mangue ont atteint le niveau de fermentation souhaité, retirez le bocal et conservez-le au réfrigérateur pour ralentir davantage la fermentation.
- Vos mangues fermentées sont maintenant prêtes à être dégustées. Vous pouvez les ajouter à des salades de fruits, des smoothies, des desserts, ou les consommer tels quels.

Mûres de Logan Fermentées

Temps de préparation : 15 minutes | Temps de fermentation : 2 à 3 jours

Ingrédients :
- Mûres de Logan fraîches
- Eau non chlorée

Instructions :
1. Commencez par choisir des mûres de Logan fraîches et propres.
2. Rincez délicatement les mûres de Logan à l'eau froide pour les nettoyer.
3. Placez les mûres de Logan dans un bocal en verre propre. Remplissez le bocal jusqu'à environ un tiers de sa capacité.
4. Ajoutez de l'eau non chlorée pour couvrir les mûres de Logan. Assurez-vous que les mûres sont complètement immergées dans l'eau.
5. Fermez le bocal avec un couvercle hermétique.
6. Laissez le bocal à température ambiante, à l'abri de la lumière directe du soleil, pendant 2 à 3 jours. Plus la température est élevée, plus la fermentation sera rapide.
7. Pendant la fermentation, vous pouvez ouvrir le bocal une fois par jour pour relâcher les gaz accumulés, puis refermez-le.
8. Une fois que les mûres de Logan ont atteint le niveau de fermentation souhaité, retirez le bocal et conservez-le au réfrigérateur pour ralentir davantage la fermentation.
- Vos mûres de Logan fermentées sont maintenant prêtes à être dégustées. Vous pouvez les ajouter à des salades de fruits, des smoothies, des desserts, ou les consommer telles quelles.

Nectarines Fermentées

Temps de préparation : 15 minutes | Temps de fermentation : 2 à 3 jours

Ingrédients :

* Nectarines mûres

Instructions :

1. Commencez par choisir des nectarines mûres et saines.
2. Lavez les nectarines sous l'eau froide pour les nettoyer. Vous pouvez les éplucher si vous le souhaitez, mais cela n'est pas nécessaire.
3. Coupez les nectarines en morceaux de taille uniforme.
4. Placez les morceaux de nectarine dans un bocal en verre propre. Remplissez le bocal jusqu'à environ un tiers de sa capacité.
5. Fermez le bocal avec un couvercle hermétique.
6. Laissez le bocal à température ambiante, à l'abri de la lumière directe du soleil, pendant 2 à 3 jours. Plus la température est élevée, plus la fermentation sera rapide.
7. Pendant la fermentation, vous pouvez ouvrir le bocal une fois par jour pour relâcher les gaz accumulés, puis refermez-le.
8. Une fois que les nectarines ont atteint le niveau de fermentation souhaité, retirez le bocal et conservez-le au réfrigérateur pour ralentir davantage la fermentation.

* Vos nectarines fermentées sont maintenant prêtes à être dégustées. Vous pouvez les ajouter à des salades de fruits, des smoothies, des desserts, ou les consommer telles quelles.

Lait de Coco Fermenté Facile

Temps de préparation : 5 minutes | Temps de fermentation : 12 à 24 heures

Ingrédients :

* 240 ml (240 g) de lait de coco en conserve (non sucré)
* Un bocal en verre propre

Instructions :

1. Ouvrez la conserve de lait de coco en veillant à bien mélanger son contenu.
2. Versez le lait de coco dans un bocal en verre propre.
3. Fermez le bocal avec un couvercle hermétique.
4. Laissez le bocal à température ambiante pendant 12 à 24 heures pour permettre la fermentation. Plus la température est élevée, plus la fermentation sera rapide.
5. Une fois la fermentation terminée, le lait de coco aura épaissi et pris une saveur légèrement acidulée.
6. Conservez le lait de coco fermenté au réfrigérateur. Il peut être utilisé dans des currys, des smoothies, des sauces, des desserts ou comme base pour des boissons probiotiques.

Oranges Fermentées Faciles

Temps de préparation : 15 minutes | Temps de fermentation : 2 à 3 jours

Ingrédients :

- Oranges mûres
- Eau non chlorée

Instructions :

1. Commencez par choisir des oranges mûres et saines.
2. Lavez les oranges sous l'eau froide pour les nettoyer.
3. Coupez les oranges en quartiers ou en tranches, en veillant à retirer les pépins.
4. Placez les quartiers ou les tranches d'orange dans un bocal en verre propre. Remplissez le bocal jusqu'à environ un tiers de sa capacité.
5. Ajoutez de l'eau non chlorée pour couvrir les oranges. Assurez-vous que les oranges sont complètement immergées dans l'eau.
6. Fermez le bocal avec un couvercle hermétique.
7. Laissez le bocal à température ambiante, à l'abri de la lumière directe du soleil, pendant 2 à 3 jours. Plus la température est élevée, plus la fermentation sera rapide.
8. Pendant la fermentation, vous pouvez ouvrir le bocal une fois par jour pour relâcher les gaz accumulés, puis refermez-le.
9. Une fois que les oranges ont atteint le niveau de fermentation souhaité, retirez le bocal et conservez-le au réfrigérateur pour ralentir davantage la fermentation.
- ❀ Vos oranges fermentées sont maintenant prêtes à être dégustées. Vous pouvez les ajouter à des salades de fruits, les utiliser comme garniture dans des plats de viande ou de poisson, ou les déguster telles quelles.

Pamplemousses Fermentés Faciles

Temps de préparation : 15 minutes | Temps de fermentation : 2 à 3 jours

Ingrédients :

- Pamplemousses mûrs
- Eau non chlorée

Instructions :

1. Commencez par choisir des pamplemousses mûrs et sains.
2. Lavez les pamplemousses sous l'eau froide pour les nettoyer.
3. Coupez les pamplemousses en quartiers, en tranches ou en morceaux, en veillant à retirer les pépins.
4. Placez les quartiers, les tranches ou les morceaux de pamplemousse dans un bocal en verre propre. Remplissez le bocal jusqu'à environ un tiers de sa capacité.
5. Ajoutez de l'eau non chlorée pour couvrir les pamplemousses. Assurez-vous que les pamplemousses sont complètement immergés dans l'eau.
6. Fermez le bocal avec un couvercle hermétique.
7. Laissez le bocal à température ambiante, à l'abri de la lumière directe du soleil, pendant 2 à 3 jours. Plus la température est élevée, plus la fermentation sera rapide.
8. Pendant la fermentation, vous pouvez ouvrir le bocal une fois par jour pour relâcher les gaz accumulés, puis refermez-le.
9. Une fois que les pamplemousses ont atteint le niveau de fermentation souhaité, retirez le bocal et conservez-le au réfrigérateur pour ralentir davantage la fermentation.
- ❀ Vos pamplemousses fermentés sont maintenant prêts à être dégustés. Vous pouvez les ajouter à des salades de fruits, les utiliser comme garniture dans des plats de viande ou de poisson, ou les déguster telles quelles.

Papayes Fermentées Faciles

Temps de préparation : 15 minutes | Temps de fermentation : 2 à 3 jours

Ingrédients :

- Papayes mûres
- Eau non chlorée

Instructions :

1. Commencez par choisir des papayes mûres et saines.
2. Épluchez les papayes, retirez les graines et coupez la chair en morceaux de taille uniforme.
3. Placez les morceaux de papaye dans un bocal en verre propre. Remplissez le bocal jusqu'à environ un tiers de sa capacité.
4. Ajoutez de l'eau non chlorée pour couvrir les morceaux de papaye. Assurez-vous que les morceaux de papaye sont complètement immergés dans l'eau.
5. Fermez le bocal avec un couvercle hermétique.
6. Laissez le bocal à température ambiante, à l'abri de la lumière directe du soleil, pendant 2 à 3 jours. Plus la température est élevée, plus la fermentation sera rapide.
7. Pendant la fermentation, vous pouvez ouvrir le bocal une fois par jour pour relâcher les gaz accumulés, puis refermez-le.
8. Une fois que les morceaux de papaye ont atteint le niveau de fermentation souhaité, retirez le bocal et conservez-le au réfrigérateur pour ralentir davantage la fermentation.

🌺 Vos papayes fermentées sont maintenant prêtes à être dégustées. Vous pouvez les ajouter à des salades de fruits, des smoothies, des desserts, ou les consommer telles quelles.

Patates Douces Fermentées Faciles

Temps de préparation : 20 minutes | Temps de fermentation : 2 à 3 jours

Ingrédients :

- Patates douces (environ 500 g)
- Eau non chlorée
- Sel (environ 2 cuillères à soupe par litre d'eau)

Instructions :

1. Commencez par choisir des patates douces fraîches et saines.
2. Épluchez les patates douces et coupez-les en morceaux de taille uniforme.
3. Placez les morceaux de patates douces dans un bocal en verre propre. Remplissez le bocal jusqu'à environ un tiers de sa capacité.
4. Préparez une saumure en mélangeant de l'eau non chlorée avec du sel (environ 2 cuillères à soupe de sel par litre d'eau). Assurez-vous que les patates douces sont complètement immergées dans la saumure.
5. Fermez le bocal avec un couvercle hermétique.
6. Laissez le bocal à température ambiante, à l'abri de la lumière directe du soleil, pendant 2 à 3 jours. Plus la température est élevée, plus la fermentation sera rapide.
7. Pendant la fermentation, vous pouvez ouvrir le bocal une fois par jour pour relâcher les gaz accumulés, puis refermez-le.
8. Une fois que les patates douces ont atteint le niveau de fermentation souhaité, retirez le bocal et conservez-le au réfrigérateur pour ralentir davantage la fermentation.

🌺 Vos patates douces fermentées sont maintenant prêtes à être dégustées. Vous pouvez les utiliser comme garniture, dans des plats d'accompagnement, des salades, ou les déguster telles quelles.

Poires Fermentées

Temps de préparation : 20 minutes | Temps de fermentation : 2 à 3 jours

Ingrédients :

- Poires mûres
- Eau non chlorée
- Sucre (facultatif, pour édulcorer, environ 1 à 2 cuillères à soupe par litre d'eau)

Instructions :

1. Commencez par choisir des poires mûres et saines.
2. Lavez les poires sous l'eau froide pour les nettoyer. Vous pouvez les éplucher si vous le souhaitez, mais cela n'est pas nécessaire.
3. Coupez les poires en quartiers, en tranches ou en morceaux, en veillant à retirer les pépins.
4. Placez les quartiers, les tranches ou les morceaux de poire dans un bocal en verre propre. Remplissez le bocal jusqu'à environ un tiers de sa capacité.
5. Préparez une saumure en mélangeant de l'eau non chlorée avec du sel (environ 2 cuillères à soupe de sel par litre d'eau) et du sucre (facultatif, pour édulcorer). Assurez-vous que les poires sont complètement immergées dans la saumure.
6. Fermez le bocal avec un couvercle hermétique.
7. Laissez le bocal à température ambiante, à l'abri de la lumière directe du soleil, pendant 2 à 3 jours. Plus la température est élevée, plus la fermentation sera rapide.
8. Pendant la fermentation, vous pouvez ouvrir le bocal une fois par jour pour relâcher les gaz accumulés, puis refermez-le.
9. Une fois que les poires ont atteint le niveau de fermentation souhaité, retirez le bocal et conservez-le au réfrigérateur pour ralentir davantage la fermentation.

Compote de Pommes Fermentée Facile

Temps de préparation : 20 minutes | Temps de fermentation : 2 à 3 jours

Ingrédients :

- Pommes (environ 4 à 6 pommes)
- Eau non chlorée
- Sucre (facultatif, pour édulcorer, environ 2 à 3 cuillères à soupe)
- Cannelle (facultatif, pour ajouter de la saveur)

Instructions :

1. Commencez par choisir des pommes mûres et saines.
2. Lavez les pommes sous l'eau froide pour les nettoyer. Vous pouvez les éplucher si vous le souhaitez, mais cela n'est pas nécessaire.
3. Coupez les pommes en quartiers, en tranches ou en morceaux, en veillant à retirer les pépins.
4. Placez les quartiers, les tranches ou les morceaux de pomme dans un bocal en verre propre. Remplissez le bocal jusqu'à environ un tiers de sa capacité.
5. Préparez une saumure en mélangeant de l'eau non chlorée avec du sucre (facultatif, pour édulcorer) et de la cannelle (facultatif, pour ajouter de la saveur). Assurez-vous que les pommes sont complètement immergées dans la saumure.
6. Fermez le bocal avec un couvercle hermétique.
7. Laissez le bocal à température ambiante, à l'abri de la lumière directe du soleil, pendant 2 à 3 jours. Plus la température est élevée, plus la fermentation sera rapide.
8. Pendant la fermentation, vous pouvez ouvrir le bocal une fois par jour pour relâcher les gaz accumulés, puis refermez-le.
9. Une fois que les pommes ont atteint le niveau de fermentation souhaité, retirez le bocal et conservez-le au réfrigérateur pour ralentir davantage la fermentation.

Prunes Fermentées

Temps de préparation : 15 minutes | Temps de fermentation : 2 à 3 jours

Ingrédients :

- Prunes mûres
- Eau non chlorée
- Sucre (facultatif, pour édulcorer, environ 2 cuillères à soupe par litre d'eau)

Instructions :

1. Commencez par choisir des prunes mûres et saines.
2. Lavez les prunes sous l'eau froide pour les nettoyer. Vous pouvez les laisser avec ou sans noyau, en fonction de vos préférences.
3. Placez les prunes dans un bocal en verre propre. Remplissez le bocal jusqu'à environ un tiers de sa capacité.
4. Préparez une saumure en mélangeant de l'eau non chlorée avec du sucre (facultatif, pour édulcorer). Assurez-vous que les prunes sont complètement immergées dans la saumure.
5. Fermez le bocal avec un couvercle hermétique.
6. Laissez le bocal à température ambiante, à l'abri de la lumière directe du soleil, pendant 2 à 3 jours. Plus la température est élevée, plus la fermentation sera rapide.
7. Pendant la fermentation, vous pouvez ouvrir le bocal une fois par jour pour relâcher les gaz accumulés, puis refermez-le.
8. Une fois que les prunes ont atteint le niveau de fermentation souhaité, retirez le bocal et conservez-le au réfrigérateur pour ralentir davantage la fermentation.

Raisins Fermentés

Temps de préparation : 20 minutes | Temps de fermentation : 2 à 3 jours

Ingrédients :

- Raisins mûrs (de préférence sans pépins)
- Eau non chlorée
- Sucre (facultatif, pour édulcorer, environ 2 cuillères à soupe par litre d'eau)

Instructions :

1. Commencez par choisir des raisins mûrs et sains. Vous pouvez utiliser des raisins avec ou sans pépins en fonction de vos préférences.
2. Lavez les raisins sous l'eau froide pour les nettoyer. Vous pouvez les laisser en grappes ou les détacher des grappes si vous le souhaitez.
3. Placez les raisins dans un bocal en verre propre. Remplissez le bocal jusqu'à environ un tiers de sa capacité.
4. Préparez une saumure en mélangeant de l'eau non chlorée avec du sucre (facultatif, pour édulcorer). Assurez-vous que les raisins sont complètement immergés dans la saumure.
5. Fermez le bocal avec un couvercle hermétique.
6. Laissez le bocal à température ambiante, à l'abri de la lumière directe du soleil, pendant 2 à 3 jours. Plus la température est élevée, plus la fermentation sera rapide.
7. Pendant la fermentation, vous pouvez ouvrir le bocal une fois par jour pour relâcher les gaz accumulés, puis refermez-le.
8. Une fois que les raisins ont atteint le niveau de fermentation souhaité, retirez le bocal et conservez-le au réfrigérateur pour ralentir davantage la fermentation.

Sauce de Tomate Fermentée

Temps de préparation : 15 minutes | Temps de fermentation : 2 à 3 jours

Ingrédients :

- Tomates mûres (environ 1 kg)
- Ail (3-4 gousses, hachées)
- Oignon (1, haché)
- Sucre (environ 2 cuillères à soupe)
- Sel (environ 1 cuillère à café)
- Levure de fermentation (disponible dans les magasins d'aliments naturels)

Instructions :

1. Commencez par choisir des tomates mûres et saines. Vous pouvez utiliser une variété de tomates, telles que des tomates Roma.
2. Lavez les tomates sous l'eau froide pour les nettoyer, puis coupez-les en morceaux.
3. Dans une grande casserole, faites revenir l'ail et l'oignon dans un peu d'huile d'olive jusqu'à ce qu'ils deviennent translucides.
4. Ajoutez les morceaux de tomates, le sucre et le sel dans la casserole, puis faites cuire le mélange à feu doux pendant environ 10 minutes pour libérer les jus des tomates.
5. Retirez la casserole du feu et laissez le mélange refroidir à température ambiante.
6. Une fois refroidi, ajoutez la levure de fermentation selon les instructions sur l'emballage. Cela aidera à démarrer le processus de fermentation.
7. Transférez le mélange dans un bocal en verre propre et fermez-le avec un couvercle hermétique.
8. Laissez le bocal à température ambiante, à l'abri de la lumière directe du soleil, pendant 2 à 3 jours pour permettre la fermentation.
9. Pendant la fermentation, vous pouvez ouvrir le bocal une fois par jour pour relâcher les gaz accumulés, puis refermez-le.
10. Après la période de fermentation, conservez la sauce de tomate fermentée au réfrigérateur. Vous pouvez l'utiliser comme sauce pour les pâtes, les pizzas, les plats de viande, ou comme base pour d'autres préparations culinaires.

Chapitre 5

Aliments fermentés Pain au levain

Pain au levain à l'ail et aux herbes

Ingrédients :
Pour le levain :

- 100 g de levain actif
- 200 g de farine de blé
- 200 ml d'eau tiède

Pour le pain :

- 400 g de farine de blé
- 200 g de farine de seigle
- 10 g de sel
- 2 à 3 gousses d'ail finement hachées

- 2 cuillères à soupe d'herbes fraîches hachées
- 300 ml d'eau tiède
- 100 g de levain actif

Instructions :
Jour 1 :

Matin : Préparez le levain en mélangeant les ingrédients. Laissez reposer 6-8 heures.

Soir : Mélangez les farines, l'ail, les herbes, et l'eau avec le levain. Pétrissez la pâte et laissez reposer toute la nuit.

Jour 2 :

3. Matin : Préchauffez le four à 220°C avec une pierre à pain si possible.

Façonnez la pâte en une boule, puis faites cuire pendant 35-40 minutes jusqu'à ce qu'elle soit dorée.

Laissez refroidir avant de trancher et déguster.

Pain au levain à l'aneth

Ingrédients :
Pour le levain :

- 100 g de levain actif
- 100 g de farine de blé
- 100 ml d'eau tiède

Pour le pain :

- 400 g de farine de blé
- 10 g de sel
- 2 cuillères à soupe d'aneth frais haché

- 100 g de levain actif
- 200 ml d'eau tiède
- 2 cuillères à soupe d'huile d'olive

Instructions :

1. Préparez le levain en mélangeant les ingrédients et laissez reposer pendant 6 à 8 heures.
2. Mélangez la farine de blé, le sel, et l'aneth frais haché dans un grand bol.
3. Incorporez le levain actif, l'eau tiède, et l'huile d'olive. Pétrissez la pâte pendant 10 minutes.
4. Laissez reposer la pâte jusqu'à ce qu'elle double de volume (environ 3 à 4 heures).
5. Préchauffez le four à 220°C.
6. Façonnez la pâte en une boule.
7. Saupoudrez davantage d'aneth frais haché sur la surface de la pâte.
8. Placez la pâte dans un moule à pain graissé.
9. Laissez reposer pendant 20 à 30 minutes.
10. Cuisez le pain au four pendant 35 à 40 minutes, jusqu'à ce qu'il soit bien doré.
11. Laissez refroidir sur une grille avant de déguster.

Pain au levain à l'avoine

Ingrédients :
Pour le levain :

- 100 g de levain actif
- 100 g de farine de blé
- 100 ml d'eau tiède

Pour le pain :

- 350 g de farine de blé
- 150 g de farine d'avoine
- 10 g de sel
- 300 ml d'eau tiède
- 100 g de levain actif
- 50 g de flocons d'avoine

Instructions :

1. Préparez le levain : Mélangez le levain actif, la farine de blé, et l'eau tiède dans un bol. Laissez reposer 6 à 8 heures ou toute la nuit.
2. Dans un autre bol, mélangez les farines, le sel, et l'eau. Incorporez le levain.
3. Pétrissez la pâte pendant 10 minutes. Laissez reposer jusqu'à ce qu'elle double de volume.
4. Préchauffez le four à 220°C.
5. Façonnez la pâte en une boule, saupoudrez de flocons d'avoine.
6. Cuisez pendant 35 à 40 minutes jusqu'à ce que le pain soit doré.
7. Laissez refroidir sur une grille avant de déguster.

Pain au levain à la cannelle

Ingrédients :
Pour le levain :

- 100 g de levain actif
- 100 g de farine de blé
- 100 ml d'eau tiède

Pour le pain :

- 400 g de farine de blé
- 10 g de sel
- 2 cuillères à soupe de sucre
- 1 cuillère à café de cannelle en poudre
- 100 g de levain actif
- 200 ml d'eau tiède
- 2 cuillères à soupe d'huile d'olive

Pour la garniture à la cannelle et au sucre :

- 2 cuillères à soupe de sucre
- 2 cuillères à café de cannelle en poudre

Instructions :

1. Préparez le levain en mélangeant les ingrédients et laissez reposer pendant 6 à 8 heures.
2. Dans un grand bol, mélangez la farine de blé, le sel, le sucre et la cannelle.
3. Incorporez le levain actif, l'eau tiède et l'huile d'olive. Pétrissez la pâte pendant 10 minutes.
4. Laissez reposer la pâte jusqu'à ce qu'elle double de volume (environ 2 heures).
5. Préchauffez le four à 200°C.
6. Étalez la pâte en un rectangle.
7. Saupoudrez le mélange de sucre et de cannelle sur la pâte, puis roulez-la en un rouleau serré.
8. Placez le rouleau dans un moule à pain graissé.
9. Laissez reposer pendant 20 à 30 minutes.
10. Cuisez le pain au four pendant 25 à 30 minutes, jusqu'à ce qu'il soit doré.
11. Laissez refroidir sur une grille avant de déguster.

Pain au levain à la cardamome

Ingrédients :

Pour le levain :

- 100 g de levain actif
- 100 g de farine de blé
- 100 ml d'eau tiède

Pour le pain :

- 400 g de farine de blé
- 10 g de sel
- 1 cuillère à soupe de graines de cardamome moulues
- 100 g de levain actif
- 200 ml d'eau tiède
- 2 cuillères à soupe de miel

Instructions :

1. Préparez le levain en mélangeant les ingrédients et laissez reposer pendant 6 à 8 heures.
2. Mélangez la farine de blé, le sel, et les graines de cardamome moulues dans un grand bol.
3. Incorporez le levain actif, l'eau tiède, et le miel. Pétrissez la pâte pendant 10 minutes.
4. Laissez reposer la pâte jusqu'à ce qu'elle double de volume (environ 3 à 4 heures).
5. Préchauffez le four à 220°C.
6. Façonnez la pâte en une boule et placez-la dans un moule à pain graissé.
7. Laissez reposer pendant 20 à 30 minutes.
8. Cuisez le pain au four pendant 35 à 40 minutes, jusqu'à ce qu'il soit bien doré.
9. Laissez refroidir sur une grille avant de déguster.

Pain au levain à la citrouille et aux épices

Ingrédients :

Pour le levain :

- 100 g de levain actif
- 100 g de farine de blé
- 100 ml d'eau tiède

Pour le pain à la citrouille :

- 400 g de farine de blé
- 10 g de sel
- 1 cuillère à café de cannelle moulue
- 1/2 cuillère à café de muscade moulue
- 1/2 cuillère à café de gingembre moulu
- miel
- 200 g de purée de citrouille
- 100 g de levain actif
- 100 ml d'eau tiède
- 2 cuillères à soupe de

Instructions :

1. Préparez le levain en mélangeant les ingrédients et laissez reposer pendant 6 à 8 heures.
2. Mélangez la farine de blé, le sel, les épices, la purée de citrouille, le levain actif, l'eau tiède et le miel. Pétrissez la pâte pendant 10 minutes.
3. Laissez reposer la pâte jusqu'à ce qu'elle double de volume (environ 3 à 4 heures).
4. Préchauffez le four à 220°C.
5. Façonnez la pâte en une boule et placez-la dans un moule à pain graissé.
6. Laissez reposer pendant 20 à 30 minutes.
7. Cuisez le pain au four pendant 35 à 40 minutes, jusqu'à ce qu'il soit bien doré.
8. Laissez refroidir sur une grille avant de déguster.

Pain au levain à l'érable

Ingrédients :

Pour le levain :
- 100 g de levain actif
- 100 g de farine de blé
- 100 ml d'eau tiède

Pour le pain à l'érable :
- 400 g de farine de blé
- 10 g de sel
- 100 ml de sirop d'érable
- 100 g de levain actif
- 200 ml d'eau tiède

Instructions :
1. Préparez le levain en mélangeant les ingrédients et laissez reposer pendant 6 à 8 heures.
2. Mélangez la farine de blé et le sel dans un grand bol.
3. Ajoutez le sirop d'érable, le levain actif, et l'eau tiède. Pétrissez la pâte pendant 10 minutes.
4. Laissez reposer la pâte jusqu'à ce qu'elle double de volume (environ 3 à 4 heures).
5. Préchauffez le four à 220°C.
6. Façonnez la pâte en une boule et placez-la dans un moule à pain graissé.
7. Laissez reposer pendant 20 à 30 minutes.
8. Cuisez le pain au four pendant 35 à 40 minutes, jusqu'à ce qu'il soit bien doré.
9. Laissez refroidir sur une grille avant de déguster.

Pain au levain à l'orge

Ingrédients :

Pour le levain :
- 100 g de levain actif
- 100 g de farine de blé
- 100 ml d'eau tiède

Pour le pain à l'orge :
- 400 g de farine d'orge
- 10 g de sel
- 100 ml d'eau tiède
- 100 g de levain actif
- 2 cuillères à soupe d'huile d'olive

Instructions :
1. Préparez le levain en mélangeant les ingrédients et laissez reposer pendant 6 à 8 heures.
2. Mélangez la farine d'orge et le sel dans un grand bol.
3. Ajoutez l'eau tiède, le levain actif, et l'huile d'olive. Pétrissez la pâte pendant 10 minutes.
4. Laissez reposer la pâte jusqu'à ce qu'elle double de volume (environ 3 à 4 heures).
5. Préchauffez le four à 220°C.
6. Façonnez la pâte en une boule et placez-la dans un moule à pain graissé.
7. Laissez reposer pendant 20 à 30 minutes.
8. Cuisez le pain au four pendant 35 à 40 minutes, jusqu'à ce qu'il soit bien doré.
9. Laissez refroidir sur une grille avant de déguster.

Pain au levain aux abricots secs

Ingrédients :
Pour le levain :
- 100 g de levain actif | • 100 g de farine de blé | • 100 ml d'eau tiède

Pour le pain aux abricots secs :
- 400 g de farine de blé
- 10 g de sel
- 150 g d'abricots secs, hachés grossièrement
- 100 g de levain actif
- 200 ml d'eau tiède

Instructions :
1. Préparez le levain en mélangeant les ingrédients et laissez reposer pendant 6 à 8 heures.
2. Mélangez la farine de blé, le sel, et les abricots secs hachés grossièrement dans un grand bol.
3. Incorporez le levain actif, l'eau tiède, et pétrissez la pâte pendant 10 minutes.
4. Laissez reposer la pâte jusqu'à ce qu'elle double de volume (environ 3 à 4 heures).
5. Préchauffez le four à 220°C.
6. Façonnez la pâte en une boule et placez-la dans un moule à pain graissé.
7. Laissez reposer pendant 20 à 30 minutes.
8. Cuisez le pain au four pendant 35 à 40 minutes, jusqu'à ce qu'il soit bien doré.
9. Laissez refroidir sur une grille avant de déguster.

Pain au levain aux câpres

Ingrédients :
Pour le levain :
- 100 g de levain actif | • 100 g de farine de blé | • 100 ml d'eau tiède

Pour le pain aux câpres :
- 400 g de farine de blé
- 10 g de sel
- 2 cuillères à soupe de câpres, égouttées et hachées
- 100 g de levain actif
- 200 ml d'eau tiède
- 2 cuillères à soupe d'huile d'olive

Instructions :
1. Préparez le levain en mélangeant les ingrédients et laissez reposer pendant 6 à 8 heures.
2. Mélangez la farine de blé, le sel, et les câpres hachées dans un grand bol.
3. Incorporez le levain actif, l'eau tiède, et l'huile d'olive. Pétrissez la pâte pendant 10 minutes.
4. Laissez reposer la pâte jusqu'à ce qu'elle double de volume (environ 3 à 4 heures).
5. Préchauffez le four à 220°C.
6. Façonnez la pâte en une boule et placez-la dans un moule à pain graissé.
7. Laissez reposer pendant 20 à 30 minutes.
8. Cuisez le pain au four pendant 35 à 40 minutes, jusqu'à ce qu'il soit bien doré.
9. Laissez refroidir sur une grille avant de déguster.

Pain au levain aux champignons

Ingrédients :

Pour le levain :
- 100 g de levain actif
- 100 g de farine de blé
- 100 ml d'eau tiède

Pour le pain aux champignons :
- 400 g de farine de blé
- 10 g de sel
- 200 g de champignons, hachés
- 100 g de levain actif
- 200 ml d'eau tiède
- 2 cuillères à soupe d'huile d'olive

Instructions :
1. Préparez le levain en mélangeant les ingrédients et laissez reposer pendant 6 à 8 heures.
2. Mélangez la farine de blé, le sel, et les champignons hachés dans un grand bol.
3. Incorporez le levain actif, l'eau tiède, et l'huile d'olive. Pétrissez la pâte pendant 10 minutes.
4. Laissez reposer la pâte jusqu'à ce qu'elle double de volume (environ 3 à 4 heures).
5. Préchauffez le four à 220°C.
6. Façonnez la pâte en une boule et placez-la dans un moule à pain graissé.
7. Laissez reposer pendant 20 à 30 minutes.
8. Cuisez le pain au four pendant 35 à 40 minutes, jusqu'à ce qu'il soit bien doré.
9. Laissez refroidir sur une grille avant de déguster.

Pain au levain aux céréales

Ingrédients :

Pour le levain :
- 100 g de levain actif
- 100 g de farine de blé
- 100 ml d'eau tiède
-

Pour le pain aux céréales :
- 400 g de farine de blé
- 100 g de mélange de céréales (avoine, lin, tournesol, sésame, etc.)
- 10 g de sel
- 100 g de levain actif
- 200 ml d'eau tiède
- 2 cuillères à soupe d'huile d'olive

Instructions :
1. Préparez le levain en mélangeant les ingrédients et laissez reposer pendant 6 à 8 heures.
2. Mélangez la farine de blé, le mélange de céréales, et le sel dans un grand bol.
3. Incorporez le levain actif, l'eau tiède, et l'huile d'olive. Pétrissez la pâte pendant 10 minutes.
4. Laissez reposer la pâte jusqu'à ce qu'elle double de volume (environ 3 à 4 heures).
5. Préchauffez le four à 220°C.
6. Façonnez la pâte en une boule et placez-la dans un moule à pain graissé.
7. Laissez reposer pendant 20 à 30 minutes.
8. Cuisez le pain au four pendant 35 à 40 minutes, jusqu'à ce qu'il soit bien doré.
9. Laissez refroidir sur une grille avant de déguster.

Pain au levain à la cerise

Ingrédients :
Pour le levain :

- 100 g de levain actif
- 100 g de farine de blé
- 100 ml d'eau tiède

Pour le pain à la cerise :

- 400 g de farine de blé
- 10 g de sel
- 150 g de cerises dénoyautées et hachées
- 100 g de levain actif
- 200 ml d'eau tiède
- 2 cuillères à soupe de miel

Instructions :

1. Préparez le levain en mélangeant les ingrédients et laissez reposer pendant 6 à 8 heures.
2. Mélangez la farine de blé, le sel, et les cerises hachées dans un grand bol.
3. Incorporez le levain actif, l'eau tiède, et le miel. Pétrissez la pâte pendant 10 minutes.
4. Laissez reposer la pâte jusqu'à ce qu'elle double de volume (environ 3 à 4 heures).
5. Préchauffez le four à 220°C.
6. Façonnez la pâte en une boule et placez-la dans un moule à pain graissé.
7. Laissez reposer pendant 20 à 30 minutes.
8. Cuisez le pain au four pendant 35 à 40 minutes, jusqu'à ce qu'il soit bien doré.
9. Laissez refroidir sur une grille avant de déguster.

Pain au levain à la châtaigne

Ingrédients :
Pour le levain :

- 100 g de levain actif
- 100 g de farine de blé
- 100 ml d'eau tiède

Pour le pain à la châtaigne :

- 300 g de farine de blé
- 100 g de farine de châtaigne
- 10 g de sel
- 100 g de levain actif
- 200 ml d'eau tiède
- 2 cuillères à soupe d'huile d'olive

Instructions :

1. Préparez le levain en mélangeant les ingrédients et laissez reposer pendant 6 à 8 heures.
2. Mélangez la farine de blé, la farine de châtaigne, et le sel dans un grand bol.
3. Incorporez le levain actif, l'eau tiède, et l'huile d'olive. Pétrissez la pâte pendant 10 minutes.
4. Laissez reposer la pâte jusqu'à ce qu'elle double de volume (environ 3 à 4 heures).
5. Préchauffez le four à 220°C.
6. Façonnez la pâte en une boule et placez-la dans un moule à pain graissé.
7. Laissez reposer pendant 20 à 30 minutes.
8. Cuisez le pain au four pendant 35 à 40 minutes, jusqu'à ce qu'il soit bien doré.
9. Laissez refroidir sur une grille avant de déguster.

Pain au levain à la noix de coco

Ingrédients :
Pour le levain :
- 100 g de levain actif
- 100 g de farine de blé
- 100 ml d'eau tiède

Pour le pain à la noix de coco :
1. 400 g de farine de blé
2. 100 g de noix de coco râpée
3. 10 g de sel
4. 100 g de levain actif
5. 200 ml d'eau tiède
6. 2 cuillères à soupe de miel

Instructions :
1. Préparez le levain en mélangeant les ingrédients et laissez reposer pendant 6 à 8 heures.
2. Mélangez la farine de blé, la noix de coco râpée, et le sel dans un grand bol.
3. Incorporez le levain actif, l'eau tiède, et le miel. Pétrissez la pâte pendant 10 minutes.
4. Laissez reposer la pâte jusqu'à ce qu'elle double de volume (environ 3 à 4 heures).
5. Préchauffez le four à 220°C.
6. Façonnez la pâte en une boule et placez-la dans un moule à pain graissé.
7. Laissez reposer pendant 20 à 30 minutes.
8. Cuisez le pain au four pendant 35 à 40 minutes, jusqu'à ce qu'il soit bien doré.
9. Laissez refroidir sur une grille avant de déguster.

Pain au levain à la courgette

Ingrédients :
Pour le levain :
- 100 g de levain actif
- 100 g de farine de blé
- 100 ml d'eau tiède

Pour le pain à la courgette :
- 400 g de farine de blé
- 10 g de sel
- 200 g de courgette râpée et égouttée
- 100 g de levain actif
- 200 ml d'eau tiède
- 2 cuillères à soupe d'huile d'olive

Instructions :
1. Préparez le levain en mélangeant les ingrédients et laissez reposer pendant 6 à 8 heures.
2. Mélangez la farine de blé, le sel, et la courgette râpée dans un grand bol.
3. Incorporez le levain actif, l'eau tiède, et l'huile d'olive. Pétrissez la pâte pendant 10 minutes.
4. Laissez reposer la pâte jusqu'à ce qu'elle double de volume (environ 3 à 4 heures).
5. Préchauffez le four à 220°C.
6. Façonnez la pâte en une boule et placez-la dans un moule à pain graissé.
7. Laissez reposer pendant 20 à 30 minutes.
8. Cuisez le pain au four pendant 35 à 40 minutes, jusqu'à ce qu'il soit bien doré.
9. Laissez refroidir sur une grille avant de déguster.

Pain au levain aux cranberries et à l'orange

Ingrédients :
Pour le levain :

- 100 g de levain actif
- 100 g de farine de blé
- 100 ml d'eau tiède

Pour le pain aux cranberries et à l'orange :

- 400 g de farine de blé
- 100 g de cranberries séchées
- Zeste d'une orange
- 10 g de sel
- 100 g de levain actif
- 200 ml d'eau tiède
- Jus d'une orange
- 2 cuillères à soupe de miel

Instructions :

1. Préparez le levain en mélangeant les ingrédients et laissez reposer pendant 6 à 8 heures.
2. Mélangez la farine de blé, les cranberries séchées, le zeste d'orange, et le sel dans un grand bol.
3. Incorporez le levain actif, l'eau tiède, le jus d'orange, et le miel. Pétrissez la pâte pendant 10 minutes.
4. Laissez reposer la pâte jusqu'à ce qu'elle double de volume (environ 3 à 4 heures).
5. Préchauffez le four à 220°C.
6. Façonnez la pâte en une boule et placez-la dans un moule à pain graissé.
7. Laissez reposer pendant 20 à 30 minutes.
8. Cuisez le pain au four pendant 35 à 40 minutes, jusqu'à ce qu'il soit bien doré.
9. Laissez refroidir sur une grille avant de déguster.

Pain au levain aux épinards et au fromage feta

Ingrédients :
Pour le levain :

- 100 g de levain actif
- 100 g de farine de blé
- 100 ml d'eau tiède

Pour le pain aux épinards et au fromage feta :

- 400 g de farine de blé
- 100 g d'épinards hachés et bien égouttés
- 150 g de fromage feta émietté
- 10 g de sel
- 100 g de levain actif
- 200 ml d'eau tiède
- 2 cuillères à soupe d'huile d'olive

Instructions :

1. Préparez le levain en mélangeant les ingrédients et laissez reposer pendant 6 à 8 heures.
2. Mélangez la farine de blé, les épinards bien égouttés, le fromage feta émietté, et le sel dans un grand bol.
3. Incorporez le levain actif, l'eau tiède, et l'huile d'olive. Pétrissez la pâte pendant 10 minutes.
4. Laissez reposer la pâte jusqu'à ce qu'elle double de volume (environ 3 à 4 heures).
5. Préchauffez le four à 220°C.
6. Façonnez la pâte en une boule et placez-la dans un moule à pain graissé.
7. Laissez reposer pendant 20 à 30 minutes.
8. Cuisez le pain au four pendant 35 à 40 minutes, jusqu'à ce qu'il soit bien doré.
9. Laissez refroidir sur une grille avant de déguster.

Pain au levain à la figue

Ingrédients :
Pour le levain :

- 100 g de levain actif
- 100 g de farine de blé
- 100 ml d'eau tiède

Pour le pain à la figue :

- 400 g de farine de blé
- 150 g de figues séchées hachées
- 10 g de sel
- 100 g de levain actif
- 200 ml d'eau tiède
- 2 cuillères à soupe de miel

Instructions :

1. Préparez le levain en mélangeant les ingrédients et laissez reposer pendant 6 à 8 heures.
2. Mélangez la farine de blé, les figues séchées hachées, et le sel dans un grand bol.
3. Incorporez le levain actif, l'eau tiède, et le miel. Pétrissez la pâte pendant 10 minutes.
4. Laissez reposer la pâte jusqu'à ce qu'elle double de volume (environ 3 à 4 heures).
5. Préchauffez le four à 220°C.
6. Façonnez la pâte en une boule et placez-la dans un moule à pain graissé.
7. Laissez reposer pendant 20 à 30 minutes.
8. Cuisez le pain au four pendant 35 à 40 minutes, jusqu'à ce qu'il soit bien doré.
9. Laissez refroidir sur une grille avant de déguster.

Pain au levain à l'huile d'olive

Ingrédients :
Pour le levain :

- 100 g de levain actif
- 100 g de farine de blé
- 100 ml d'eau tiède

Pour le pain à l'huile d'olive :

- 400 g de farine de blé
- 10 g de sel
- 100 g de levain actif
- 200 ml d'eau tiède
- 4 cuillères à soupe d'huile d'olive extra vierge

Instructions :

1. Préparez le levain en mélangeant les ingrédients et laissez reposer pendant 6 à 8 heures.
2. Mélangez la farine de blé et le sel dans un grand bol.
3. Incorporez le levain actif, l'eau tiède, et l'huile d'olive extra vierge. Pétrissez la pâte pendant 10 minutes.
4. Laissez reposer la pâte jusqu'à ce qu'elle double de volume (environ 3 à 4 heures).
5. Préchauffez le four à 220°C.
6. Façonnez la pâte en une boule et placez-la dans un moule à pain graissé.
7. Laissez reposer pendant 20 à 30 minutes.
8. Cuisez le pain au four pendant 35 à 40 minutes, jusqu'à ce qu'il soit bien doré.
9. Laissez refroidir sur une grille avant de déguster.

Pain au levain aux graines de chia

Ingrédients :

Pour le levain :
- 100 g de levain actif
- 100 g de farine de blé
- 100 ml d'eau tiède

Pour le pain aux graines de chia :
- 400 g de farine de blé
- 50 g de graines de chia
- 10 g de sel
- 100 g de levain actif
- 200 ml d'eau tiède

Instructions :
1. Préparez le levain en mélangeant les ingrédients et laissez reposer pendant 6 à 8 heures.
2. Mélangez la farine de blé, les graines de chia, et le sel dans un grand bol.
3. Incorporez le levain actif et l'eau tiède. Pétrissez la pâte pendant 10 minutes.
4. Laissez reposer la pâte jusqu'à ce qu'elle double de volume (environ 3 à 4 heures).
5. Préchauffez le four à 220°C.
6. Façonnez la pâte en une boule et placez-la dans un moule à pain graissé.
7. Laissez reposer pendant 20 à 30 minutes.
8. Cuisez le pain au four pendant 35 à 40 minutes, jusqu'à ce qu'il soit bien doré.
9. Laissez refroidir sur une grille avant de déguster.

Pain au levain aux graines de lin

Ingrédients :

Pour le levain :
- 100 g de levain actif
- 100 g de farine de blé
- 100 ml d'eau tiède

Pour le pain aux graines de lin :
- 400 g de farine de blé
- 50 g de graines de lin
- 10 g de sel
- 100 g de levain actif
- 200 ml d'eau tiède

Instructions :
1. Préparez le levain en mélangeant les ingrédients et laissez reposer pendant 6 à 8 heures.
2. Mélangez la farine de blé, les graines de lin, et le sel dans un grand bol.
3. Incorporez le levain actif et l'eau tiède. Pétrissez la pâte pendant 10 minutes.
4. Laissez reposer la pâte jusqu'à ce qu'elle double de volume (environ 3 à 4 heures).
5. Préchauffez le four à 220°C.
6. Façonnez la pâte en une boule et placez-la dans un moule à pain graissé.
7. Laissez reposer pendant 20 à 30 minutes.
8. Cuisez le pain au four pendant 35 à 40 minutes, jusqu'à ce qu'il soit bien doré.
9. Laissez refroidir sur une grille avant de déguster.

Pain au levain aux graines de pavot

Ingrédients :
Pour le levain :

- 100 g de levain actif
- 100 g de farine de blé
- 100 ml d'eau tiède

Pour le pain aux graines de pavot :

- 400 g de farine de blé
- 50 g de graines de pavot
- 10 g de sel
- 100 g de levain actif
- 200 ml d'eau tiède

Instructions :

1. Préparez le levain en mélangeant les ingrédients et laissez reposer pendant 6 à 8 heures.
2. Mélangez la farine de blé, les graines de pavot, et le sel dans un grand bol.
3. Incorporez le levain actif et l'eau tiède. Pétrissez la pâte pendant 10 minutes.
4. Laissez reposer la pâte jusqu'à ce qu'elle double de volume (environ 3 à 4 heures).
5. Préchauffez le four à 220°C.
6. Façonnez la pâte en une boule et placez-la dans un moule à pain graissé.
7. Laissez reposer pendant 20 à 30 minutes.
8. Cuisez le pain au four pendant 35 à 40 minutes, jusqu'à ce qu'il soit bien doré.
9. Laissez refroidir sur une grille avant de déguster.

Pain au levain aux graines de sésame

Ingrédients :
Pour le levain :

- 100 g de levain actif
- 100 g de farine de blé
- 100 ml d'eau tiède

Pour le pain aux graines de sésame :

- 400 g de farine de blé
- 50 g de graines de sésame
- 10 g de sel
- 100 g de levain actif
- 200 ml d'eau tiède

Instructions :

1. Préparez le levain en mélangeant les ingrédients et laissez reposer pendant 6 à 8 heures.
2. Mélangez la farine de blé, les graines de sésame, et le sel dans un grand bol.
3. Incorporez le levain actif et l'eau tiède. Pétrissez la pâte pendant 10 minutes.
4. Laissez reposer la pâte jusqu'à ce qu'elle double de volume (environ 3 à 4 heures).
5. Préchauffez le four à 220°C.
6. Façonnez la pâte en une boule et placez-la dans un moule à pain graissé.
7. Laissez reposer pendant 20 à 30 minutes.
8. Cuisez le pain au four pendant 35 à 40 minutes, jusqu'à ce qu'il soit bien doré.
9. Laissez refroidir sur une grille avant de déguster.

Pain au levain à l'ail et au romarin

Ingrédients :
Pour le levain :

- 100 g de levain actif
- 100 g de farine de blé
- 100 ml d'eau tiède

Pour le pain à l'ail et au romarin :

- 400 g de farine de blé
- 3 gousses d'ail hachées
- 2 cuillères à soupe de romarin frais haché
- 10 g de sel
- 100 g de levain actif
- 200 ml d'eau tiède

Instructions :

1. Préparez le levain en mélangeant les ingrédients et laissez reposer pendant 6 à 8 heures.
2. Mélangez la farine de blé, l'ail haché, le romarin haché, et le sel dans un grand bol.
3. Incorporez le levain actif et l'eau tiède. Pétrissez la pâte pendant 10 minutes.
4. Laissez reposer la pâte jusqu'à ce qu'elle double de volume (environ 3 à 4 heures).
5. Préchauffez le four à 220°C.
6. Façonnez la pâte en une boule et placez-la dans un moule à pain graissé.
7. Laissez reposer pendant 20 à 30 minutes.
8. Cuisez le pain au four pendant 35 à 40 minutes, jusqu'à ce qu'il soit bien doré.
9. Laissez refroidir sur une grille avant de déguster.

Pain au levain à l'ail et aux olives

Ingrédients :
Pour le levain :

- 100 g de levain actif
- 100 g de farine de blé
- 100 ml d'eau tiède

Pour le pain à l'ail et aux olives :

- 400 g de farine de blé
- 4 gousses d'ail hachées
- 150 g d'olives noires dénoyautées et hachées
- 10 g de sel
- 100 g de levain actif
- 200 ml d'eau tiède

Instructions :

1. Préparez le levain en mélangeant les ingrédients et laissez reposer pendant 6 à 8 heures.
2. Mélangez la farine de blé, l'ail haché, les olives noires hachées, et le sel dans un grand bol.
3. Incorporez le levain actif et l'eau tiède. Pétrissez la pâte pendant 10 minutes.
4. Laissez reposer la pâte jusqu'à ce qu'elle double de volume (environ 3 à 4 heures).
5. Préchauffez le four à 220°C.
6. Façonnez la pâte en une boule et placez-la dans un moule à pain graissé.
7. Laissez reposer pendant 20 à 30 minutes.
8. Cuisez le pain au four pendant 35 à 40 minutes, jusqu'à ce qu'il soit bien doré.
9. Laissez refroidir sur une grille avant de déguster.

Pain au levain à l'oignon

Ingrédients :
Pour le levain :

100 g de levain actif	100 g de farine de blé	100 ml d'eau tiède

Pour le pain à l'oignon :

- 400 g de farine de blé
- 1 oignon moyen, finement haché
- 10 g de sel
- 100 g de levain actif
- 200 ml d'eau tiède

Instructions :

1. Préparez le levain en mélangeant les ingrédients et laissez reposer pendant 6 à 8 heures.
2. Mélangez la farine de blé, l'oignon finement haché, et le sel dans un grand bol.
3. Incorporez le levain actif et l'eau tiède. Pétrissez la pâte pendant 10 minutes.
4. Laissez reposer la pâte jusqu'à ce qu'elle double de volume (environ 3 à 4 heures).
5. Préchauffez le four à 220°C.
6. Façonnez la pâte en une boule et placez-la dans un moule à pain graissé.
7. Laissez reposer pendant 20 à 30 minutes.
8. Cuisez le pain au four pendant 35 à 40 minutes, jusqu'à ce qu'il soit bien doré.
9. Laissez refroidir sur une grille avant de déguster.

Pain au levain à la noix

Ingrédients :
Pour le levain :

100 g de levain actif	100 g de farine de blé	100 ml d'eau tiède

Pour le pain à la noix :

- 400 g de farine de blé
- 150 g de noix hachées
- 10 g de sel
- 100 g de levain actif
- 200 ml d'eau tiède

Instructions :

1. Préparez le levain en mélangeant les ingrédients et laissez reposer pendant 6 à 8 heures.
2. Mélangez la farine de blé, les noix hachées, et le sel dans un grand bol.
3. Incorporez le levain actif et l'eau tiède. Pétrissez la pâte pendant 10 minutes.
4. Laissez reposer la pâte jusqu'à ce qu'elle double de volume (environ 3 à 4 heures).
5. Préchauffez le four à 220°C.
6. Façonnez la pâte en une boule et placez-la dans un moule à pain graissé.
7. Laissez reposer pendant 20 à 30 minutes.
8. Cuisez le pain au four pendant 35 à 40 minutes, jusqu'à ce qu'il soit bien doré.
9. Laissez refroidir sur une grille avant de déguster.

Pain au levain à la moutarde

Ingrédients :

Pour le levain :

- 100 g de levain actif
- 100 g de farine de blé
- 100 ml d'eau tiède

Pour le pain à la moutarde :

- 400 g de farine de blé
- 2 cuillères à soupe de moutarde de Dijon
- 10 g de sel
- 100 g de levain actif
- 200 ml d'eau tiède

Instructions :

1. Préparez le levain en mélangeant les ingrédients et laissez reposer pendant 6 à 8 heures.
2. Mélangez la farine de blé, la moutarde de Dijon, et le sel dans un grand bol.
3. Incorporez le levain actif et l'eau tiède. Pétrissez la pâte pendant 10 minutes.
4. Laissez reposer la pâte jusqu'à ce qu'elle double de volume (environ 3 à 4 heures).
5. Préchauffez le four à 220°C.
6. Façonnez la pâte en une boule et placez-la dans un moule à pain graissé.
7. Laissez reposer pendant 20 à 30 minutes.
8. Cuisez le pain au four pendant 35 à 40 minutes, jusqu'à ce qu'il soit bien doré.
9. Laissez refroidir sur une grille avant de déguster.

Pain au levain au café

Ingrédients :

Pour le levain au café :

100 g de levain actif

100 g de farine de blé

100 ml d'eau tiède

2 cuillères à soupe de café moulu (sec)

Pour le pain au levain au café :

- 400 g de farine de blé
- 2 cuillères à soupe de café moulu (sec)
- 10 g de sel
- 100 g de levain actif
- 200 ml d'eau tiède

Instructions :

1. Préparez le levain au café en mélangeant les ingrédients et laissez reposer pendant 6 à 8 heures.
2. Mélangez la farine de blé, le café moulu sec, et le sel dans un grand bol.
3. Incorporez le levain actif et l'eau tiède. Pétrissez la pâte pendant 10 minutes.
4. Laissez reposer la pâte jusqu'à ce qu'elle double de volume (environ 3 à 4 heures).
5. Préchauffez le four à 220°C.
6. Façonnez la pâte en une boule et placez-la dans un moule à pain graissé.
7. Laissez reposer pendant 20 à 30 minutes.
8. Cuisez le pain au four pendant 35 à 40 minutes, jusqu'à ce qu'il soit bien doré.
9. Laissez refroidir sur une grille avant de déguster.

Pain au levain au chocolat

Ingrédients :
Pour le levain :
- 100 g de levain actif
- 100 g de farine de blé
- 100 ml d'eau tiède

Pour le pain au levain au chocolat :
- 400 g de farine de blé
- 100 g de pépites de chocolat (ou chocolat haché)
- 10 g de sel
- 100 g de levain actif
- 200 ml d'eau tiède

Instructions :
1. Préparez le levain en mélangeant les ingrédients et laissez reposer pendant 6 à 8 heures.
2. Mélangez la farine de blé, les pépites de chocolat (ou chocolat haché), et le sel dans un grand bol.
3. Incorporez le levain actif et l'eau tiède. Pétrissez la pâte pendant 10 minutes.
4. Laissez reposer la pâte jusqu'à ce qu'elle double de volume (environ 3 à 4 heures).
5. Préchauffez le four à 220°C.
6. Façonnez la pâte en une boule et placez-la dans un moule à pain graissé.
7. Laissez reposer pendant 20 à 30 minutes.
8. Cuisez le pain au four pendant 35 à 40 minutes, jusqu'à ce qu'il soit bien doré.
9. Laissez refroidir sur une grille avant de déguster.

Pain au levain au maïs

Ingrédients :
Pour le levain :
- 100 g de levain actif
- 100 g de farine de blé
- 100 ml d'eau tiède

Pour le pain au levain au maïs :
- 300 g de farine de blé
- 200 g de farine de maïs
- 10 g de sel
- 100 g de levain actif
- 200 ml d'eau tiède

Instructions :
1. Préparez le levain en mélangeant les ingrédients et laissez reposer pendant 6 à 8 heures.
2. Mélangez la farine de blé, la farine de maïs, et le sel dans un grand bol.
3. Incorporez le levain actif et l'eau tiède. Pétrissez la pâte pendant 10 minutes.
4. Laissez reposer la pâte jusqu'à ce qu'elle double de volume (environ 3 à 4 heures).
5. Préchauffez le four à 220°C.
6. Façonnez la pâte en une boule et placez-la dans un moule à pain graissé.
7. Laissez reposer pendant 20 à 30 minutes.
8. Cuisez le pain au four pendant 35 à 40 minutes, jusqu'à ce qu'il soit bien doré.
9. Laissez refroidir sur une grille avant de déguster.

Pain au levain au miel et aux noix

Ingrédients :

Pour le levain :

- 100 g de levain actif
- 100 g de farine de blé
- 100 ml d'eau tiède

Pour le pain au levain au miel et aux noix :

- 400 g de farine de blé
- 100 g de noix hachées
- 2 cuillères à soupe de miel
- 10 g de sel
- 100 g de levain actif
- 200 ml d'eau tiède

Instructions :

1. Préparez le levain en mélangeant les ingrédients et laissez reposer pendant 6 à 8 heures.
2. Mélangez la farine de blé, les noix hachées, le miel, et le sel dans un grand bol.
3. Incorporez le levain actif et l'eau tiède. Pétrissez la pâte pendant 10 minutes.
4. Laissez reposer la pâte jusqu'à ce qu'elle double de volume (environ 3 à 4 heures).
5. Préchauffez le four à 220°C.
6. Façonnez la pâte en une boule et placez-la dans un moule à pain graissé.
7. Laissez reposer pendant 20 à 30 minutes.
8. Cuisez le pain au four pendant 35 à 40 minutes, jusqu'à ce qu'il soit bien doré.
9. Laissez refroidir sur une grille avant de déguster.

Pain au levain au poivron

Ingrédients :

Pour le levain :

- 100 g de levain actif
- 100 g de farine de blé
- 100 ml d'eau tiède

Pour le pain au levain au poivron :

- 400 g de farine de blé
- 1 poivron rouge, grillé, pelé et coupé en petits morceaux
- 10 g de sel
- 100 g de levain actif
- 200 ml d'eau tiède

Instructions :

1. Préparez le levain en mélangeant les ingrédients et laissez reposer pendant 6 à 8 heures.
2. Mélangez la farine de blé, les morceaux de poivron rouge, et le sel dans un grand bol.
3. Incorporez le levain actif et l'eau tiède. Pétrissez la pâte pendant 10 minutes.
4. Laissez reposer la pâte jusqu'à ce qu'elle double de volume (environ 3 à 4 heures).
5. Préchauffez le four à 220°C.
6. Façonnez la pâte en une boule et placez-la dans un moule à pain graissé.
7. Laissez reposer pendant 20 à 30 minutes.
8. Cuisez le pain au four pendant 35 à 40 minutes, jusqu'à ce qu'il soit bien doré.
9. Laissez refroidir sur une grille avant de déguster.

Pain au levain au romarin

Ingrédients :

Pour le levain :

- 100 g de levain actif
- 100 g de farine de blé
- 100 ml d'eau tiède

Pour le pain au levain au romarin :

- 400 g de farine de blé
- 2 cuillères à soupe de romarin frais haché (ou 2 cuillères à café de romarin séché)
- 10 g de sel
- 100 g de levain actif
- 200 ml d'eau tiède

Instructions :

1. Préparez le levain en mélangeant les ingrédients et laissez reposer pendant 6 à 8 heures.
2. Mélangez la farine de blé et le romarin dans un grand bol avec le sel.
3. Incorporez le levain actif et l'eau tiède. Pétrissez la pâte pendant 10 minutes.
4. Laissez reposer la pâte jusqu'à ce qu'elle double de volume (environ 3 à 4 heures).
5. Préchauffez le four à 220°C.
6. Façonnez la pâte en une boule et placez-la dans un moule à pain graissé.
7. Laissez reposer pendant 20 à 30 minutes.
8. Cuisez le pain au four pendant 35 à 40 minutes, jusqu'à ce qu'il soit bien doré.
9. Laissez refroidir sur une grille avant de déguster.

Pain au levain au sarrasin

Ingrédients :

Pour le levain :

- 100 g de levain actif
- 100 g de farine de sarrasin
- 100 ml d'eau tiède

Pour le pain au levain au sarrasin :

- 300 g de farine de sarrasin
- 100 g de farine de blé
- 10 g de sel
- 100 g de levain actif
- 200 ml d'eau tiède

Instructions :

1. Préparez le levain en mélangeant les ingrédients et laissez reposer pendant 6 à 8 heures.
2. Mélangez la farine de sarrasin, la farine de blé, et le sel dans un grand bol.
3. Incorporez le levain actif et l'eau tiède. Pétrissez la pâte pendant 10 minutes.
4. Laissez reposer la pâte jusqu'à ce qu'elle double de volume (environ 3 à 4 heures).
5. Préchauffez le four à 220°C.
6. Façonnez la pâte en une boule et placez-la dans un moule à pain graissé.
7. Laissez reposer pendant 20 à 30 minutes.
8. Cuisez le pain au four pendant 35 à 40 minutes, jusqu'à ce qu'il soit bien doré.
9. Laissez refroidir sur une grille avant de déguster.

Pain au levain à la sauge

Ingrédients :
Pour le levain :

- 100 g de levain actif
- 100 g de farine de blé
- 100 ml d'eau tiède

Pour le pain au levain à la sauge :

- 400 g de farine de blé
- 2 cuillères à soupe de sauge fraîche hachée (ou 2 cuillères à café de sauge séchée)
- 10 g de sel
- 100 g de levain actif
- 200 ml d'eau tiède

Instructions :

1. Préparez le levain en mélangeant les ingrédients et laissez reposer pendant 6 à 8 heures.
2. Mélangez la farine de blé et la sauge dans un grand bol avec le sel.
3. Incorporez le levain actif et l'eau tiède. Pétrissez la pâte pendant 10 minutes.
4. Laissez reposer la pâte jusqu'à ce qu'elle double de volume (environ 3 à 4 heures).
5. Préchauffez le four à 220°C.
6. Façonnez la pâte en une boule et placez-la dans un moule à pain graissé.
7. Laissez reposer pendant 20 à 30 minutes.
8. Cuisez le pain au four pendant 35 à 40 minutes, jusqu'à ce qu'il soit bien doré.
9. Laissez refroidir sur une grille avant de déguster.

Pain au levain à l'origan

Ingrédients :
Pour le levain :

- 100 g de levain actif
- 100 g de farine de blé
- 100 ml d'eau tiède

Pour le pain au levain à l'origan :

- 400 g de farine de blé
- 2 cuillères à soupe d'origan séché
- 10 g de sel
- 100 g de levain actif
- 200 ml d'eau tiède

Instructions :

1. Préparez le levain en mélangeant les ingrédients et laissez reposer pendant 6 à 8 heures.
2. Mélangez la farine de blé et l'origan dans un grand bol avec le sel.
3. Incorporez le levain actif et l'eau tiède. Pétrissez la pâte pendant 10 minutes.
4. Laissez reposer la pâte jusqu'à ce qu'elle double de volume (environ 3 à 4 heures).
5. Préchauffez le four à 220°C.
6. Façonnez la pâte en une boule et placez-la dans un moule à pain graissé.
7. Laissez reposer pendant 20 à 30 minutes.
8. Cuisez le pain au four pendant 35 à 40 minutes, jusqu'à ce qu'il soit bien doré.
9. Laissez refroidir sur une grille avant de déguster.

Pain au levain à la patate douce

Ingrédients :
Pour le levain :

100 g de levain actif	100 g de farine de blé	100 ml d'eau tiède

Pour le pain au levain à la patate douce :

- 400 g de farine de blé
- 200 g de purée de patate douce cuite
- 10 g de sel
- 100 g de levain actif
- 200 ml d'eau tiède

Instructions :

1. Préparez le levain en mélangeant les ingrédients et laissez reposer pendant 6 à 8 heures.
2. Mélangez la farine de blé, la purée de patate douce, et le sel dans un grand bol.
3. Incorporez le levain actif et l'eau tiède. Pétrissez la pâte pendant 10 minutes.
4. Laissez reposer la pâte jusqu'à ce qu'elle double de volume (environ 3 à 4 heures).
5. Préchauffez le four à 220°C.
6. Façonnez la pâte en une boule et placez-la dans un moule à pain graissé.
7. Laissez reposer pendant 20 à 30 minutes.
8. Cuisez le pain au four pendant 35 à 40 minutes, jusqu'à ce qu'il soit bien doré.
9. Laissez refroidir sur une grille avant de déguster.

Pain au levain aux herbes de Provence

Ingrédients :
Pour le levain :

- 100 g de levain actif
- 100 g de farine de blé
- 100 ml d'eau tiède

Pour le pain au levain aux herbes de Provence :

- 400 g de farine de blé
- 2 cuillères à soupe d'herbes de Provence (mélange d'herbes séchées)
- 10 g de sel
- 100 g de levain actif
- 200 ml d'eau tiède

Instructions :

1. Préparez le levain en mélangeant les ingrédients et laissez reposer pendant 6 à 8 heures.
2. Mélangez la farine de blé et les herbes de Provence dans un grand bol avec le sel.
3. Incorporez le levain actif et l'eau tiède. Pétrissez la pâte pendant 10 minutes.
4. Laissez reposer la pâte jusqu'à ce qu'elle double de volume (environ 3 à 4 heures).
5. Préchauffez le four à 220°C.
6. Façonnez la pâte en une boule et placez-la dans un moule à pain graissé.
7. Laissez reposer pendant 20 à 30 minutes.
8. Cuisez le pain au four pendant 35 à 40 minutes, jusqu'à ce qu'il soit bien doré.
9. Laissez refroidir sur une grille avant de déguster.

Pain au levain aux herbes

Ingrédients :
Pour le levain :
- 100 g de levain actif
- 100 g de farine de blé
- 100 ml d'eau tiède

Pour le pain au levain aux herbes :
- 400 g de farine de blé
- 2 cuillères à soupe d'un mélange d'herbes aromatiques séchées
- 10 g de sel
- 100 g de levain actif
- 200 ml d'eau tiède

Instructions :
1. Préparez le levain en mélangeant les ingrédients et laissez reposer pendant 6 à 8 heures.
2. Mélangez la farine de blé et le mélange d'herbes aromatiques séchées dans un grand bol avec le sel.
3. Incorporez le levain actif et l'eau tiède. Pétrissez la pâte pendant 10 minutes.
4. Laissez reposer la pâte jusqu'à ce qu'elle double de volume (environ 3 à 4 heures).
5. Préchauffez le four à 220°C.
6. Façonnez la pâte en une boule et placez-la dans un moule à pain graissé.
7. Laissez reposer pendant 20 à 30 minutes.
8. Cuisez le pain au four pendant 35 à 40 minutes, jusqu'à ce qu'il soit bien doré.
9. Laissez refroidir sur une grille avant de déguster.

Pain au levain aux noix

Ingrédients :
Pour le levain :
- 100 g de levain actif
- 100 g de farine de blé
- 100 ml d'eau tiède

Pour le pain au levain aux noix :
- 400 g de farine de blé
- 150 g de noix hachées
- 10 g de sel
- 100 g de levain actif
- 200 ml d'eau tiède

Instructions :
1. Préparez le levain en mélangeant les ingrédients et laissez reposer pendant 6 à 8 heures.
2. Mélangez la farine de blé et les noix hachées dans un grand bol avec le sel.
3. Incorporez le levain actif et l'eau tiède. Pétrissez la pâte pendant 10 minutes.
4. Laissez reposer la pâte jusqu'à ce qu'elle double de volume (environ 3 à 4 heures).
5. Préchauffez le four à 220°C.
6. Façonnez la pâte en une boule et placez-la dans un moule à pain graissé.
7. Laissez reposer pendant 20 à 30 minutes.
8. Cuisez le pain au four pendant 35 à 40 minutes, jusqu'à ce qu'il soit bien doré.
9. Laissez refroidir sur une grille avant de déguster.

Pain au levain aux olives

Ingrédients :

Pour le levain :
- 100 g de levain actif
- 100 g de farine de blé
- 100 ml d'eau tiède

Pour le pain au levain aux olives :
- 400 g de farine de blé
- 150 g d'olives vertes ou noires, hachées
- 10 g de sel
- 100 g de levain actif
- 200 ml d'eau tiède

Instructions :
1. Préparez le levain en mélangeant les ingrédients et laissez reposer pendant 6 à 8 heures.
2. Mélangez la farine de blé, les olives hachées et le sel dans un grand bol.
3. Incorporez le levain actif et l'eau tiède. Pétrissez la pâte pendant 10 minutes.
4. Laissez reposer la pâte jusqu'à ce qu'elle double de volume (environ 3 à 4 heures).
5. Préchauffez le four à 220°C.
6. Façonnez la pâte en une boule et placez-la dans un moule à pain graissé.
7. Laissez reposer pendant 20 à 30 minutes.
8. Cuisez le pain au four pendant 35 à 40 minutes, jusqu'à ce qu'il soit bien doré.
9. Laissez refroidir sur une grille avant de déguster.

Pain au levain aux poireaux

Ingrédients :

Pour le levain :
- 100 g de levain actif
- 100 g de farine de blé
- 100 ml d'eau tiède

Pour le pain au levain aux poireaux :
- 400 g de farine de blé
- 200 g de poireaux finement tranchés
- 10 g de sel
- 100 g de levain actif
- 200 ml d'eau tiède

Instructions :
1. Préparez le levain en mélangeant les ingrédients et laissez reposer pendant 6 à 8 heures.
2. Faites sauter les poireaux finement tranchés dans une poêle avec un peu d'huile d'olive jusqu'à ce qu'ils deviennent tendres. Laissez-les refroidir.
3. Mélangez la farine de blé, les poireaux sautés et refroidis, ainsi que le sel dans un grand bol.
4. Incorporez le levain actif et l'eau tiède. Pétrissez la pâte pendant 10 minutes.
5. Laissez reposer la pâte jusqu'à ce qu'elle double de volume (environ 3 à 4 heures).
6. Préchauffez le four à 220°C.
7. Façonnez la pâte en une boule et placez-la dans un moule à pain graissé.
8. Laissez reposer pendant 20 à 30 minutes.
9. Cuisez le pain au four pendant 35 à 40 minutes, jusqu'à ce qu'il soit bien doré.
10. Laissez refroidir sur une grille avant de déguster.

Pain au levain aux poivrons

Ingrédients :
Pour le levain :

- 100 g de levain actif | • 100 g de farine de blé | • 100 ml d'eau tiède

Pour le pain au levain aux poivrons :

- 400 g de farine de blé
- 150 g de poivrons coupés en dés et sautés
- 10 g de sel
- 100 g de levain actif
- 200 ml d'eau tiède

Instructions :

1. Préparez le levain en mélangeant les ingrédients et laissez reposer pendant 6 à 8 heures.
2. Faites sauter les dés de poivrons dans une poêle avec un peu d'huile d'olive jusqu'à ce qu'ils soient tendres. Laissez-les refroidir.
3. Mélangez la farine de blé, les dés de poivrons sautés et refroidis, ainsi que le sel dans un grand bol.
4. Incorporez le levain actif et l'eau tiède. Pétrissez la pâte pendant 10 minutes.
5. Laissez reposer la pâte jusqu'à ce qu'elle double de volume (environ 3 à 4 heures).
6. Préchauffez le four à 220°C.
7. Façonnez la pâte en une boule et placez-la dans un moule à pain graissé.
8. Laissez reposer pendant 20 à 30 minutes.
9. Cuisez le pain au four pendant 35 à 40 minutes, jusqu'à ce qu'il soit bien doré.
10. Laissez refroidir sur une grille avant de déguster.

Pain au levain aux raisins secs et aux noix :

Ingrédients :
Pour le levain :

- 100 g de levain actif | • 100 g de farine de blé | • 100 ml d'eau tiède

Pour le pain au levain aux raisins secs et aux noix :

- 400 g de farine de blé
- 100 g de raisins secs
- 100 g de noix hachées
- 10 g de sel
- 100 g de levain actif
- 200 ml d'eau tiède

Instructions :

1. Préparez le levain en mélangeant les ingrédients et laissez reposer pendant 6 à 8 heures.
2. Mélangez la farine de blé, les raisins secs, les noix hachées et le sel dans un grand bol.
3. Incorporez le levain actif et l'eau tiède. Pétrissez la pâte pendant 10 minutes.
4. Laissez reposer la pâte jusqu'à ce qu'elle double de volume (environ 3 à 4 heures).
5. Préchauffez le four à 220°C.
6. Façonnez la pâte en une boule et placez-la dans un moule à pain graissé.
7. Laissez reposer pendant 20 à 30 minutes.
8. Cuisez le pain au four pendant 35 à 40 minutes, jusqu'à ce qu'il soit bien doré.
9. Laissez refroidir sur une grille avant de déguster.

Pain au levain aux tomates séchées

Ingrédients :
Pour le levain :
- 100 g de levain actif
- 100 g de farine de blé
- 100 ml d'eau tiède

Pour le pain au levain aux tomates séchées :
- 400 g de farine de blé
- 100 g de tomates séchées, réhydratées et hachées
- 10 g de sel
- 100 g de levain actif
- 200 ml d'eau tiède

Instructions :
1. Préparez le levain en mélangeant les ingrédients et laissez reposer pendant 6 à 8 heures.
2. Réhydratez les tomates séchées et hachez-les finement.
3. Mélangez la farine de blé, les tomates séchées hachées et le sel dans un grand bol.
4. Incorporez le levain actif et l'eau tiède. Pétrissez la pâte pendant 10 minutes.
5. Laissez reposer la pâte jusqu'à ce qu'elle double de volume (environ 3 à 4 heures).
6. Préchauffez le four à 220°C.
7. Façonnez la pâte en une boule et placez-la dans un moule à pain graissé.
8. Laissez reposer pendant 20 à 30 minutes.
9. Cuisez le pain au four pendant 35 à 40 minutes, jusqu'à ce qu'il soit bien doré.
10. Laissez refroidir sur une grille avant de déguster.

Pain au levain classique

Ingrédients :
Pour le levain :
- 100 g de levain actif
- 100 g de farine de blé
- 100 ml d'eau tiède

Pour le pain au levain classique :
- 400 g de farine de blé
- 10 g de sel
- 100 g de levain actif
- 200 ml d'eau tiède

Instructions :
1. Préparez le levain en mélangeant les ingrédients et laissez reposer pendant 6 à 8 heures.
2. Mélangez la farine de blé et le sel dans un grand bol.
3. Incorporez le levain actif et l'eau tiède. Pétrissez la pâte pendant 10 minutes.
4. Laissez reposer la pâte jusqu'à ce qu'elle double de volume (environ 3 à 4 heures).
5. Préchauffez le four à 220°C.
6. Façonnez la pâte en une boule et placez-la dans un moule à pain graissé.
7. Laissez reposer pendant 20 à 30 minutes.
8. Cuisez le pain au four pendant 35 à 40 minutes, jusqu'à ce qu'il soit bien doré.
9. Laissez refroidir sur une grille avant de déguster.

Pain au levain complet

Ingrédients :
Pour le levain :

- 100 g de levain actif
- 100 g de farine de blé complet
- 100 ml d'eau tiède

Pour le pain au levain complet :

- 400 g de farine de blé complet
- 10 g de sel
- 100 g de levain actif
- 200 ml d'eau tiède

Instructions :

1. Préparez le levain en mélangeant les ingrédients et laissez reposer pendant 6 à 8 heures.
2. Mélangez la farine de blé complet et le sel dans un grand bol.
3. Incorporez le levain actif et l'eau tiède. Pétrissez la pâte pendant 10 minutes.
4. Laissez reposer la pâte jusqu'à ce qu'elle double de volume (environ 3 à 4 heures).
5. Préchauffez le four à 220°C.
6. Façonnez la pâte en une boule et placez-la dans un moule à pain graissé.
7. Laissez reposer pendant 20 à 30 minutes.
8. Cuisez le pain au four pendant 35 à 40 minutes, jusqu'à ce qu'il soit bien doré.
9. Laissez refroidir sur une grille avant de déguster.

Chapitre 6

Aliments fermentés viandes

Viande fermentée d'agneau au cumin

Temps de préparation : 1 minute | Temps de fermentation : 5 jours minimum

Ingrédients :
- Agneau (coupé en morceaux)
- Cumin moulu
- Sel
- Poivre
- Paprika (facultatif)
- Vinaigre
- Un contenant hermétique

Instructions :
1. Assaisonnez les morceaux d'agneau avec du cumin moulu, du sel, du poivre et du paprika (si vous le souhaitez). La quantité d'épices dépend de votre goût personnel.
2. Placez les morceaux d'agneau assaisonnés dans un contenant hermétique.
3. Ajoutez suffisamment de vinaigre pour couvrir complètement la viande.
4. Scellez hermétiquement le contenant.
5. Placez le contenant au réfrigérateur et laissez la viande fermenter pendant au moins 5 jours. Vous pouvez laisser fermenter plus longtemps si vous le souhaitez pour un goût plus intense.
6. Pendant la fermentation, il est recommandé de retourner les morceaux d'agneau de temps en temps pour s'assurer que la marinade et les épices sont réparties uniformément.
7. Après la période de fermentation souhaitée, la viande d'agneau sera prête à être dégustée. Vous pouvez la consommer telle quelle ou l'utiliser dans diverses préparations culinaires.

Viande fermentée de bœuf à l'ail et au gingembre

Temps de préparation : 15 minutes | Temps de fermentation : 3 à 5 jours

Ingrédients :
- Bœuf (coupé en morceaux)
- Ail (haché)
- Gingembre (haché)
- Sel
- Sucre
- Sauce soja
- Un contenant hermétique

Instructions :
1. Assaisonnez les morceaux de bœuf avec l'ail, le gingembre, le sel, le sucre et la sauce soja. Vous pouvez ajuster les quantités d'ail, de gingembre, de sel, de sucre et de sauce soja en fonction de vos préférences personnelles.
2. Placez les morceaux de bœuf assaisonnés dans un contenant hermétique.
3. Scellez hermétiquement le contenant.
4. Placez le contenant au réfrigérateur et laissez la viande fermenter pendant 3 à 5 jours. Plus la période de fermentation est longue, plus la saveur sera intense.
5. Pendant la fermentation, il est recommandé de retourner les morceaux de bœuf de temps en temps pour s'assurer que la marinade et les épices sont réparties uniformément.
6. Après la période de fermentation souhaitée, la viande de bœuf sera prête à être dégustée. Vous pouvez la consommer telle quelle ou l'utiliser dans diverses préparations culinaires.

Viande fermentée de bœuf à la moutarde et aux herbes

Temps de préparation : 15 minutes | Temps de fermentation : 3 à 5 jours

Ingrédients :
- Bœuf (coupé en morceaux)
- Moutarde (de Dijon ou autre)
- Herbes fraîches (telles que le thym, le romarin, le persil, ou d'autres de votre choix)
- Sel
- Poivre
- Un contenant hermétique

Instructions :
1. Assaisonnez les morceaux de bœuf avec la moutarde, les herbes fraîches, le sel et le poivre. Vous pouvez ajuster les quantités de moutarde, d'herbes, de sel et de poivre en fonction de vos préférences personnelles.
2. Placez les morceaux de bœuf assaisonnés dans un contenant hermétique.
3. Scellez hermétiquement le contenant.
4. Placez le contenant au réfrigérateur et laissez la viande fermenter pendant 3 à 5 jours. Plus la période de fermentation est longue, plus la saveur sera intense.
5. Pendant la fermentation, il est recommandé de retourner les morceaux de bœuf de temps en temps pour s'assurer que la marinade et les épices sont réparties uniformément.
6. Après la période de fermentation souhaitée, la viande de bœuf sera prête à être dégustée. Vous pouvez la consommer telle quelle ou l'utiliser dans diverses préparations culinaires.

Viande fermentée de bœuf aux champignons

Temps de préparation : 15 minutes | Temps de fermentation : 3 à 5 jours

Ingrédients :
- Bœuf (coupé en morceaux)
- Champignons (frais ou séchés, réhydratés)
- Sel
- Poivre
- Ail (haché)
- Bouillon de bœuf (facultatif)
- Un contenant hermétique

Instructions :
1. Assaisonnez les morceaux de bœuf avec les champignons, le sel, le poivre, l'ail et éventuellement du bouillon de bœuf. Vous pouvez ajuster les quantités en fonction de vos préférences personnelles.
2. Placez les morceaux de bœuf assaisonnés dans un contenant hermétique.
3. Scellez hermétiquement le contenant.
4. Placez le contenant au réfrigérateur et laissez la viande fermenter pendant 3 à 5 jours. Plus la période de fermentation est longue, plus la saveur sera intense.
5. Pendant la fermentation, il est recommandé de retourner les morceaux de bœuf de temps en temps pour s'assurer que la marinade et les champignons sont répartis uniformément.
6. Après la période de fermentation souhaitée, la viande de bœuf aux champignons sera prête à être dégustée. Vous pouvez la consommer telle quelle ou l'utiliser dans diverses préparations culinaires.

Viande fermentée de dinde à la moutarde

Temps de préparation : 15 minutes | Temps de fermentation : 3 à 5 jours

Ingrédients :

- Dinde (coupée en morceaux)
- Moutarde (de Dijon ou autre)
- Sel
- Poivre
- Ail (haché)
- Un contenant hermétique

Instructions :

1. Assaisonnez les morceaux de dinde avec de la moutarde, du sel, du poivre et de l'ail. Vous pouvez ajuster les quantités en fonction de vos préférences personnelles.
2. Placez les morceaux de dinde assaisonnés dans un contenant hermétique.
3. Scellez hermétiquement le contenant.
4. Placez le contenant au réfrigérateur et laissez la viande fermenter pendant 3 à 5 jours. Plus la période de fermentation est longue, plus la saveur sera intense.
5. Pendant la fermentation, il est recommandé de retourner les morceaux de dinde de temps en temps pour s'assurer que la marinade et les épices sont réparties uniformément.
6. Après la période de fermentation souhaitée, la viande de dinde à la moutarde sera prête à être dégustée. Vous pouvez la consommer telle quelle ou l'utiliser dans diverses préparations culinaires.

Viande fermentée de dinde au gingembre et à la coriandre

Temps de préparation : 15 minutes | Temps de fermentation : 3 à 5 jours

Ingrédients :

- Dinde (coupée en morceaux)
- Gingembre (haché)
- Coriandre fraîche (hachée)
- Sel
- Poivre
- Ail (haché)
- Un contenant hermétique

Instructions :

1. Assaisonnez les morceaux de dinde avec du gingembre, de la coriandre fraîche, du sel, du poivre et de l'ail. Vous pouvez ajuster les quantités en fonction de vos préférences personnelles.
2. Placez les morceaux de dinde assaisonnés dans un contenant hermétique.
3. Scellez hermétiquement le contenant.
4. Placez le contenant au réfrigérateur et laissez la viande fermenter pendant 3 à 5 jours. Plus la période de fermentation est longue, plus la saveur sera intense.
5. Pendant la fermentation, il est recommandé de retourner les morceaux de dinde de temps en temps pour s'assurer que la marinade et les épices sont réparties uniformément.
6. Après la période de fermentation souhaitée, la viande de dinde au gingembre et à la coriandre sera prête à être dégustée. Vous pouvez la consommer telle quelle ou l'utiliser dans diverses préparations culinaires.

Viande fermentée de dinde au thym et à l'orange

Temps de préparation : 15 minutes | Temps de fermentation : 3 à 5 jours

Ingrédients :

- Dinde (coupée en morceaux)
- Zeste d'orange (râpé)
- Thym frais (haché)
- Sel
- Poivre
- Ail (haché)
- Un contenant hermétique

Instructions :

1. Assaisonnez les morceaux de dinde avec le zeste d'orange, le thym frais, du sel, du poivre et de l'ail. Vous pouvez ajuster les quantités en fonction de vos préférences personnelles.
2. Placez les morceaux de dinde assaisonnés dans un contenant hermétique.
3. Scellez hermétiquement le contenant.
4. Placez le contenant au réfrigérateur et laissez la viande fermenter pendant 3 à 5 jours. Plus la période de fermentation est longue, plus la saveur sera intense.
5. Pendant la fermentation, il est recommandé de retourner les morceaux de dinde de temps en temps pour s'assurer que la marinade et les épices sont réparties uniformément.
6. Après la période de fermentation souhaitée, la viande de dinde au thym et à l'orange sera prête à être dégustée. Vous pouvez la consommer telle quelle ou l'utiliser dans diverses préparations culinaires.

Viande fermentée de dinde aux épices indiennes

Temps de préparation : 15 minutes | Temps de fermentation : 3 à 5 jours

Ingrédients :

- Dinde (coupée en morceaux)
- Mélange d'épices indiennes (tel que le curry, le cumin, la coriandre, le garam masala, etc.)
- Sel
- Poivre
- Ail (haché)
- Un contenant hermétique

Instructions :

1. Assaisonnez les morceaux de dinde avec le mélange d'épices indiennes, du sel, du poivre et de l'ail. Vous pouvez ajuster les quantités d'épices en fonction de vos préférences personnelles.
2. Placez les morceaux de dinde assaisonnés dans un contenant hermétique.
3. Scellez hermétiquement le contenant.
4. Placez le contenant au réfrigérateur et laissez la viande fermenter pendant 3 à 5 jours. Plus la période de fermentation est longue, plus la saveur sera intense.
5. Pendant la fermentation, il est recommandé de retourner les morceaux de dinde de temps en temps pour s'assurer que les épices et la marinade sont réparties uniformément.
6. Après la période de fermentation souhaitée, la viande de dinde aux épices indiennes sera prête à être dégustée. Vous pouvez la consommer telle quelle ou l'utiliser dans diverses préparations culinaires inspirées de la cuisine indienne.

Viande fermentée de poulet au citron

Temps de préparation : 15 minutes | Temps de fermentation : 3 à 5 jours

Ingrédients :

- Poulet (coupé en morceaux)
- Zeste de citron
- Jus de citron
- Sel
- Poivre
- Ail (haché)
- Un contenant hermétique

Instructions :

1. Assaisonnez les morceaux de poulet avec le zeste de citron, le jus de citron, du sel, du poivre et de l'ail. Vous pouvez ajuster les quantités en fonction de vos préférences personnelles.
2. Placez les morceaux de poulet assaisonnés dans un contenant hermétique.
3. Scellez hermétiquement le contenant.
4. Placez le contenant au réfrigérateur et laissez la viande fermenter pendant 3 à 5 jours. Plus la période de fermentation est longue, plus la saveur sera intense.
5. Pendant la fermentation, il est recommandé de retourner les morceaux de poulet de temps en temps pour s'assurer que les épices et la marinade sont réparties uniformément.
6. Après la période de fermentation souhaitée, la viande de poulet au citron sera prête à être dégustée. Vous pouvez la consommer telle quelle ou l'utiliser dans diverses préparations culinaires.

Viande fermentée de poulet au curry

Temps de préparation : 15 minutes | Temps de fermentation : 3 à 5 jours

Ingrédients :

- Poulet (coupé en morceaux)
- Pâte de curry (de votre choix, rouge, vert, jaune, etc.)
- Sel
- Poivre
- Lait de coco (facultatif)
- Un contenant hermétique

Instructions :

1. Assaisonnez les morceaux de poulet avec la pâte de curry, du sel, du poivre, et éventuellement du lait de coco. Vous pouvez ajuster les quantités en fonction de vos préférences personnelles.
2. Placez les morceaux de poulet assaisonnés dans un contenant hermétique.
3. Scellez hermétiquement le contenant.
4. Placez le contenant au réfrigérateur et laissez la viande fermenter pendant 3 à 5 jours. Plus la période de fermentation est longue, plus la saveur sera intense.
5. Pendant la fermentation, il est recommandé de retourner les morceaux de poulet de temps en temps pour s'assurer que les épices et la marinade sont réparties uniformément.
6. Après la période de fermentation souhaitée, la viande de poulet au curry sera prête à être dégustée. Vous pouvez la consommer telle quelle ou l'utiliser dans diverses préparations culinaires inspirées de la cuisine indienne.

Viande fermentée de poulet au paprika et au citron vert

Temps de préparation : 15 minutes | Temps de fermentation : 3 à 5 jours

Ingrédients :

- Poulet (coupé en morceaux)
- Paprika
- Zeste de citron vert
- Jus de citron vert
- Sel
- Poivre
- Ail (haché)
- Un contenant hermétique

Instructions :

1. Assaisonnez les morceaux de poulet avec le paprika, le zeste de citron vert, le jus de citron vert, du sel, du poivre et de l'ail. Vous pouvez ajuster les quantités en fonction de vos préférences personnelles.
2. Placez les morceaux de poulet assaisonnés dans un contenant hermétique.
3. Scellez hermétiquement le contenant.
4. Placez le contenant au réfrigérateur et laissez la viande fermenter pendant 3 à 5 jours. Plus la période de fermentation est longue, plus la saveur sera intense.
5. Pendant la fermentation, il est recommandé de retourner les morceaux de poulet de temps en temps pour s'assurer que les épices et la marinade sont réparties uniformément.
6. Après la période de fermentation souhaitée, la viande de poulet au paprika et au citron vert sera prête à être dégustée. Vous pouvez la consommer telle quelle ou l'utiliser dans diverses préparations culinaires.

Viande fermentée de poulet au thym et au romarin

Temps de préparation : 15 minutes | Temps de fermentation : 3 à 5 jours

Ingrédients :

- Poulet (coupé en morceaux)
- Thym frais (haché)
- Romarin frais (haché)
- Sel
- Poivre
- Ail (haché)
- Un contenant hermétique

Instructions :

1. Assaisonnez les morceaux de poulet avec le thym frais, le romarin frais, du sel, du poivre et de l'ail. Vous pouvez ajuster les quantités en fonction de vos préférences personnelles.
2. Placez les morceaux de poulet assaisonnés dans un contenant hermétique.
3. Scellez hermétiquement le contenant.
4. Placez le contenant au réfrigérateur et laissez la viande fermenter pendant 3 à 5 jours. Plus la période de fermentation est longue, plus la saveur sera intense.
5. Pendant la fermentation, il est recommandé de retourner les morceaux de poulet de temps en temps pour s'assurer que les épices et la marinade sont réparties uniformément.
6. Après la période de fermentation souhaitée, la viande de poulet au thym et au romarin sera prête à être dégustée. Vous pouvez la consommer telle quelle ou l'utiliser dans diverses préparations culinaires.

Chapitre 7

Aliments fermentés Poissons

Curry de Poisson à la Noix de Coco Fermenté

Temps de préparation : 20 minutes | Temps de fermentation : 24 heures

Ingrédients :

- 500 g de poisson, coupé en morceaux
- 250 ml de lait de coco (1 tasse équivaut généralement à environ 240 ml)
- 30 g de pâte de curry (rouge, vert, ou jaune)
- 30 ml de sauce de poisson
- 15 g de sucre
- 2 gousses d'ail, émincées
- 2,5 cm de gingembre frais, râpé
- Légumes, herbes, sel, poivre et piment selon votre goût

Instructions abrégées :

1. Préparez le curry : Mélangez la pâte de curry et le lait de coco dans une casserole.
2. Ajoutez les ingrédients : Incorporez le poisson, les légumes, la sauce de poisson, le sucre, l'ail, le gingembre, les épices, le sel et le poivre.
3. Laissez mijoter : Laissez mijoter jusqu'à ce que le poisson soit cuit et les légumes tendres (environ 15-20 minutes).
4. Laissez refroidir.
5. Transférez dans un récipient hermétique.
6. Fermentation : Laissez fermenter à température ambiante pendant environ 24 heures, en goûtant régulièrement pour ajuster la saveur.
7. Réfrigérez une fois la fermentation terminée.

Poisson à la Sauce Épicée Fermentée

Temps de préparation : 20 minutes | Temps de fermentation : 7 jours (ajustable)

Ingrédients :

- 500 g de poisson, coupé en morceaux
- 2-3 cuillères à soupe de sauce épicée (comme de la sauce pimentée, de la harissa, ou du sambal oelek)
- 2 cuillères à soupe de sauce de poisson (Nuoc Mam)
- 2 cuillères à soupe de sucre
- 2 gousses d'ail, émincées
- 2-3 piments rouges (selon votre tolérance au piquant), émincés

Instructions pour la fermentation :

1. Préparez les morceaux de poisson : Coupez le poisson en morceaux de taille appropriée. Assurez-vous qu'ils sont propres et sans arêtes.
2. Préparez la sauce épicée : Dans un bol, mélangez la sauce épicée, la sauce de poisson, le sucre, l'ail émincé et les piments rouges émincés pour former une sauce.
3. Placez les morceaux de poisson dans un récipient hermétique propre, en verre ou en plastique.
4. Versez la sauce épicée sur le poisson de manière à bien enrober tous les morceaux. Assurez-vous que les morceaux de poisson sont complètement immergés dans la sauce.
5. Fermeture hermétique : Fermez hermétiquement le récipient pour éviter l'entrée d'air.
6. Laissez fermenter : Placez le récipient dans un endroit frais et à l'abri de la lumière directe du soleil. Laissez le poisson fermenter pendant 7 jours ou ajustez la durée de fermentation selon vos préférences.
7. Contrôlez la fermentation : Pendant la période de fermentation, goûtez le poisson régulièrement pour déterminer le niveau de fermentation souhaité. Il devrait développer une saveur acidulée et épicée à mesure que le temps passe.
8. Réfrigérez : Une fois que le poisson a atteint la saveur désirée, réfrigérez-le pour arrêter le processus de fermentation.

Poisson à l'Ail et au Poivron Fermenté

Temps de préparation : 20 minutes | Temps de fermentation : 3 jours (ajustable)

Ingrédients :

- 500 g de poisson (par exemple, maquereau, saumon, dorade, etc.), coupé en morceaux
- 5-6 gousses d'ail, hachées finement
- 2 cuillères à soupe de sel
- 2 cuillères à soupe de piment (ajustez la quantité en fonction de votre tolérance au piquant)
- 500 ml d'eau (1/2 litre)

Instructions pour la fermentation :

1. Préparez le poisson : Coupez le poisson en morceaux de taille appropriée et assurez-vous qu'il est propre et sans arêtes.
2. Préparez la saumure : Dans un bol, mélangez le sel, le piment et l'eau pour préparer une saumure.
3. Fermentation : Placez les morceaux de poisson dans un récipient hermétique. Versez la saumure sur les morceaux de poisson.
4. Ajoutez l'ail haché : Répartissez l'ail haché sur le poisson dans le récipient.
5. Fermeture hermétique : Fermez hermétiquement le récipient pour éviter l'entrée d'air.
6. Laissez fermenter : Placez le récipient dans un endroit frais et à l'abri de la lumière directe du soleil. Laissez le poisson fermenter pendant 3 jours ou ajustez la durée de fermentation selon vos préférences.
7. Contrôlez la fermentation : Pendant la période de fermentation, goûtez le poisson régulièrement pour déterminer le niveau de fermentation souhaité. Il devrait développer une saveur acidulée, piquante et aillée au fil du temps.
8. Réfrigérez : Une fois que le poisson a atteint la saveur désirée, réfrigérez-le pour arrêter le processus de fermentation.

Poisson aux Herbes Méditerranéennes Fermenté

Temps de préparation : 20 minutes | Temps de fermentation : 3 jours (ajustable)

Ingrédients :

- 500 g de poisson (comme la dorade, le maquereau ou le saumon), coupé en morceaux
- 2-3 cuillères à soupe d'herbes méditerranéennes séchées (thym, romarin, origan, basilic, etc.)
- 20 g de sel
- 20 g de sucre
- 2 gousses d'ail, hachées
- 1 citron, zeste et jus
- 125 ml d'eau
- Un bouquet d'herbes fraîches (comme le persil et le basilic) pour garnir

Instructions pour la fermentation :

1. Préparez le poisson : Coupez le poisson en morceaux de taille appropriée. Assurez-vous que les morceaux sont propres et sans arêtes.
2. Préparez la saumure : Dans un bol, mélangez le sel, le sucre, les herbes méditerranéennes séchées, l'ail, le zeste de citron et le jus de citron. Ajoutez l'eau et mélangez pour former une saumure.
3. Fermentation : Placez les morceaux de poisson dans un récipient hermétique en alternant avec des couches de saumure. Versez la saumure sur les ingrédients dans le récipient.
4. Ajoutez l'ail haché : Répartissez l'ail haché sur le poisson dans le récipient.
5. Fermeture hermétique : Fermez hermétiquement le récipient pour éviter l'entrée d'air.
6. Laissez fermenter : Placez le récipient dans un endroit frais et à l'abri de la lumière directe du soleil. Laissez le poisson fermenter pendant 3 jours ou ajustez la durée de fermentation selon vos préférences.
7. Contrôlez la fermentation : Pendant la période de fermentation, goûtez le poisson régulièrement pour déterminer le niveau de fermentation souhaité. Il devrait développer une saveur acidulée et aromatique au fil du temps.
8. Réfrigérez : Une fois que le poisson a atteint la saveur désirée, réfrigérez-le pour arrêter le processus de fermentation.
9. Servez : Garnissez le poisson fermenté aux herbes méditerranéennes avec des herbes fraîches, comme le persil et le basilic, avant de servir.

Poisson fermenté croustillant aux Épices Orientales

Temps de préparation : 20 minutes | Temps de fermentation : 5 jours (ajustable) | Temps d'infusion : 2 heures

Ingrédients :

- 500 g de poisson (comme le maquereau, le saumon, la dorade, etc.), coupé en morceaux
- 2 cuillères à soupe d'épices orientales (comme le cumin, le coriandre, le gingembre, le paprika, etc.)
- 20 g de sel
- 20 g de sucre
- 2 gousses d'ail, hachées
- 125 ml d'eau
- 1 piment rouge frais, émincé (ajustez la quantité en fonction de votre tolérance au piquant)
- 1/2 citron, zeste et jus
- Un bouquet de coriandre fraîche pour garnir

Instructions pour la fermentation :

1. Préparez le poisson : Coupez le poisson en morceaux de taille appropriée. Assurez-vous que les morceaux sont propres et sans arêtes.
2. Préparez la saumure : Dans un bol, mélangez le sel, le sucre, les épices orientales, l'ail haché, le zeste et le jus de citron, ainsi que l'eau. Mélangez pour former une saumure.
3. Fermentation : Placez les morceaux de poisson dans un récipient hermétique en alternant avec des couches de saumure. Versez la saumure sur les ingrédients dans le récipient.
4. Ajoutez le piment rouge émincé : Répartissez le piment rouge émincé sur le poisson dans le récipient. Il apportera une touche de piquant oriental.
5. Fermeture hermétique : Fermez hermétiquement le récipient pour éviter l'entrée d'air.
6. Laissez fermenter : Placez le récipient dans un endroit frais et à l'abri de la lumière directe du soleil. Laissez le poisson fermenter pendant plusieurs jours à une semaine ou plus, selon vos préférences. La durée de fermentation dépendra du niveau de saveur que vous souhaitez atteindre.
7. Contrôlez la fermentation : Pendant la période de fermentation, goûtez le poisson régulièrement pour déterminer le niveau de fermentation souhaité. Il devrait développer une saveur acidulée, épicée et orientale au fil du temps.
8. Réfrigérez : Une fois que le poisson a atteint la saveur désirée, réfrigérez-le pour arrêter le processus de fermentation.
9. Servez : Garnissez le poisson fermenté croustillant aux épices orientales avec de la coriandre fraîche avant de servir.

Poisson grillé à l'ail et au citron

Temps de préparation : 30 minutes | Temps de fermentation : 3 jours (ajustable) | Temps d'infusion : 2 heures

Ingrédients :

- 500 g de poisson (comme le maquereau, le saumon, la dorade, etc.), coupé en morceaux
- 4 gousses d'ail, hachées
- Le zeste et le jus de 1 citron
- 20 g de sel
- 20 g de sucre
- 125 ml d'eau
- Poivre noir moulu, au goût
- Huile d'olive, pour la cuisson et la conservation

Instructions pour la fermentation :

1. Préparez le poisson : Coupez le poisson en morceaux de taille appropriée. Assurez-vous que les morceaux sont propres et sans arêtes.
2. Préparez la saumure : Dans un bol, mélangez le sel, le sucre, l'ail haché, le zeste de citron et le jus de citron, ainsi que l'eau. Mélangez pour former une saumure.
3. Fermentation : Placez les morceaux de poisson dans un récipient hermétique en alternant avec des couches de saumure. Versez la saumure sur les ingrédients dans le récipient.
4. Fermeture hermétique : Fermez hermétiquement le récipient pour éviter l'entrée d'air.
5. Laissez fermenter : Placez le récipient dans un endroit frais et à l'abri de la lumière directe du soleil. Laissez le poisson fermenter pendant 3 jours ou ajustez la durée de fermentation selon vos préférences.
6. Contrôlez la fermentation : Pendant la période de fermentation, goûtez le poisson régulièrement pour déterminer le niveau de fermentation souhaité. Il devrait développer une saveur acidulée, aromatique et aillée au fil du temps.
7. Réfrigérez : Une fois que le poisson a atteint la saveur désirée, réfrigérez-le pour arrêter le processus de fermentation.
8. Instructions pour la cuisson et la conservation :
9. Grill : Préchauffez un gril ou une poêle à feu moyen-élevé. Badigeonnez les morceaux de poisson avec de l'huile d'olive et faites-les griller pendant quelques minutes de chaque côté jusqu'à ce qu'ils soient dorés et cuits.
10. Servez : Garnissez le poisson grillé à l'ail et au citron de poivre noir moulu et d'un filet d'huile d'olive.
11. Conservez : Si vous avez des restes, conservez-les dans un bocal hermétique avec de l'huile d'olive pour prolonger leur durée de vie.

Salade de Poisson Fermenté Laotienne (Naham)

Temps de préparation : 1 heure | Temps de fermentation : 2 à 3 semaines (ajustable) | Temps d'infusion : 2 heures

Ingrédients :

Pour la préparation du poisson fermenté (Naham) :

- 500 g de poisson (tel que la truite, le maquereau ou la carpe), coupé en morceaux
- 100 g de sel
- 100 g de riz gluant, cuit et écrasé
- Feuilles de bananier (pour l'emballage)
- Ficelle ou fil de cuisine

Pour la salade (Naham Som) :

- Poisson fermenté (Naham), préparé
- 2-3 gousses d'ail, hachées finement
- 2-3 piments rouges frais, hachés finement (ajustez selon votre tolérance au piquant)
- Jus de 2 citrons verts
- 1 cuillère à soupe de sauce de poisson (Nam Pla)
- 1 cuillère à soupe de sucre
- 1 cuillère à soupe de cacahuètes grillées, concassées
- 2-3 tiges de coriandre fraîche, hachées

Instructions pour la préparation du poisson fermenté (Naham) :

1. Préparation du poisson : Coupez le poisson en morceaux de taille appropriée. Assurez-vous que les morceaux sont propres et sans arêtes.
2. Salage : Dans un grand bol, mélangez le poisson avec le sel. Assurez-vous que tous les morceaux de poisson sont bien recouverts de sel. Laissez reposer pendant environ 30 minutes.
3. Rinçage : Après le salage, rincez soigneusement le poisson à l'eau froide pour éliminer l'excès de sel.
4. Mélange Naham : Mélangez le poisson rincé avec le riz gluant cuit et écrasé.
5. Emballage : Placez le mélange Naham sur des feuilles de bananier et pliez-les pour former un paquet. Attachez fermement le paquet avec de la ficelle ou du fil de cuisine.
6. Fermentation : Placez le paquet dans un endroit frais, sec et à l'abri de la lumière directe du soleil. Laissez fermenter pendant 2 à 3 semaines, en vérifiant régulièrement le goût. La durée de fermentation dépendra de vos préférences pour le niveau de saveur.
7. Contrôlez la fermentation : Pendant la période de fermentation, goûtez le poisson régulièrement pour déterminer le niveau de fermentation souhaité. Il devrait développer une saveur acidulée et umami.

Instructions pour la salade (Naham Som) :

1. Préparation de la salade : Une fois que le poisson fermenté (Naham) a atteint le niveau de saveur souhaité, retirez-le de l'emballage et coupez-le en morceaux plus petits.
2. Mélange Naham Som : Dans un saladier, mélangez le poisson fermenté (Naham) coupé, l'ail haché, les piments, le jus de citron vert, la sauce de poisson, le sucre, les cacahuètes grillées concassées et la coriandre hachée.
3. Réfrigérez : Laissez la salade (Naham Som) reposer au réfrigérateur pendant environ 30 minutes pour permettre aux saveurs de se mélanger.
4. Servez : Servez la salade de poisson fermenté laotienne (Naham Som) comme entrée ou en accompagnement de plats laotiens.

Sashimi de Poisson Fermenté au Gingembre et à la Sauce Soja

Temps de préparation : 30 minutes | Temps de fermentation : 1 à 2 jours | Temps d'infusion : 2 heures

Ingrédients :

- 500 g de poisson frais de haute qualité (comme le thon, le saumon, ou l'espadon), coupé en fines tranches pour le sashimi
- 20 g de sel
- 10 g de sucre
- 30 ml de gingembre frais râpé
- 120 ml de sauce soja
- 60 ml de mirin (vin de riz doux)
- 60 ml de saké
- Wasabi (pour servir)
- Gingembre mariné (gari, pour servir)
- Sésame grillé (pour servir)

Instructions pour la fermentation :

- Préparation du poisson : Utilisez du poisson frais de haute qualité. Assurez-vous qu'il est propre, sans arêtes et coupé en fines tranches pour le sashimi. Réfrigérez-le jusqu'à ce que vous soyez prêt à l'utiliser.
- Salage initial : Saupoudrez les tranches de poisson avec le sel des deux côtés. Laissez reposer pendant 30 minutes à température ambiante pour drainer l'excès d'humidité.
- Rincez le poisson : Après 30 minutes, rincez soigneusement le poisson à l'eau froide pour éliminer le sel.
- Préparation de la marinade : Dans un bol, mélangez le sucre, le gingembre frais râpé, la sauce soja, le mirin et le saké pour préparer la marinade.
- Marinade : Placez les tranches de poisson dans un récipient hermétique. Versez la marinade sur les tranches de poisson pour les recouvrir complètement.
- Fermeture hermétique : Fermez hermétiquement le récipient pour éviter l'entrée d'air.
- Fermentation : Placez le récipient dans un endroit frais (entre 5°C et 10°C) pour une fermentation lente. Laissez le poisson mariner pendant 1 à 2 jours. Plus la durée de fermentation est longue, plus le goût sera intense. Goûtez régulièrement pour déterminer le niveau de fermentation souhaité.
- Contrôlez la fermentation : Pendant la période de fermentation, goûtez le poisson régulièrement pour ajuster le niveau de fermentation. Le poisson doit développer une saveur umami et de gingembre.
- Réfrigérez : Une fois que le poisson a atteint la saveur désirée, réfrigérez-le pour arrêter le processus de fermentation.

Instructions pour la préparation du sashimi :

- Servez : Pour servir, disposez les tranches de poisson fermenté sur des assiettes de service. Accompagnez-les de wasabi, de gingembre mariné et de sésame grillé.

Soupe de Poisson Fermentée à l'Asiatique

Temps de préparation : 30 minutes | Temps de fermentation : 3 à 7 jours (ajustable) | Temps d'infusion : 2 heures

Ingrédients :

Pour la fermentation du poisson :

- 500 g de poisson (comme le poisson-chat, la carpe, ou le bar), coupé en morceaux
- 20 g de sel
- 20 g de sucre
- 125 ml d'eau
- 20 g de gingembre frais râpé

- 2 gousses d'ail, hachées
- 2 à 3 piments rouges frais, hachés (ajustez selon votre tolérance au piquant)
- Le jus de 2 citrons verts
- 30 ml de sauce de poisson (Nam Pla)
- 15 ml de sucre

Pour la soupe :

1. Bouillon de poisson (préparé à partir de restes de poisson et d'arêtes ou en utilisant un bouillon de poisson en cube ou en poudre)
2. Légumes (comme des champignons, du maïs, du chou, etc., selon vos préférences)
3. Coriandre fraîche, pour garnir
4. Nouilles de riz ou de vermicelles (optionnel)

Instructions pour la fermentation :

5. Préparation du poisson : Coupez le poisson en morceaux de taille appropriée. Assurez-vous que les morceaux sont propres et sans arêtes.
6. Salage initial : Saupoudrez les morceaux de poisson avec le sel des deux côtés. Laissez reposer pendant 30 minutes à température ambiante pour drainer l'excès d'humidité.
7. Rincez le poisson : Après 30 minutes, rincez soigneusement le poisson à l'eau froide pour éliminer le sel.
8. Préparation de la saumure : Dans un bol, mélangez 125 ml d'eau, 20 g de sucre, le gingembre râpé, l'ail haché et les piments rouges hachés. Mélangez pour former une saumure.
9. Fermentation : Placez les morceaux de poisson dans un récipient hermétique. Versez la saumure sur les morceaux de poisson pour les immerger complètement. Fermez hermétiquement le récipient pour éviter l'entrée d'air.
10. Laissez fermenter : Placez le récipient dans un endroit frais et à l'abri de la lumière directe du soleil. Laissez le poisson fermenter pendant 3 à 7 jours, en vérifiant régulièrement le goût. La durée de fermentation dépendra de votre préférence pour le niveau de saveur.
11. Contrôlez la fermentation : Pendant la période de fermentation, goûtez le poisson régulièrement pour déterminer le niveau de fermentation souhaité. Il devrait développer une saveur acidulée, épicée et umami au fil du temps.
12. Réfrigérez : Une fois que le poisson a atteint la saveur désirée, réfrigérez-le pour arrêter le processus de fermentation.
13. Instructions pour la préparation de la soupe :
14. Préparez un bouillon de poisson en utilisant les restes de poisson et d'arêtes. Vous pouvez également utiliser un bouillon de poisson en cube ou en poudre.
15. Portez le bouillon à ébullition et ajoutez les légumes de votre choix. Laissez-les cuire jusqu'à ce qu'ils soient tendres.
16. Ajoutez les morceaux de poisson fermenté à la soupe et laissez chauffer pendant quelques minutes.
17. Dans un bol, préparez une sauce en mélangeant le jus de citron vert, la sauce de poisson et 15 ml de sucre. Ajoutez cette sauce à la soupe pour ajuster l'assaisonnement.
18. Si vous le souhaitez, ajoutez des nouilles de riz ou de vermicelles pour rendre la soupe plus consistante.
19. Servez la soupe de poisson fermentée garnie de coriandre fraîche.

Style Taco de Maïs et de Poisson Fermenté

Temps de préparation : 30 minutes | Temps de fermentation : 2 à 4 jours (ajustable) | Temps d'infusion : 2 heures

Ingrédients :

Pour la fermentation du poisson :

- 500 g de poisson (comme la truite, le maquereau ou le bar), coupé en morceaux
- 20 g de sel
- 20 g de sucre
- 125 ml d'eau
- 20 g de gingembre frais râpé

- 2 gousses d'ail, hachées
- 2 à 3 piments rouges frais, hachés (ajustez selon votre tolérance au piquant)
- Le jus de 2 citrons verts
- 30 ml de sauce de poisson (Nam Pla)
- 15 ml de sucre

Pour les tacos de maïs :

- Tortillas de maïs
- Légumes pour la garniture (comme la laitue, les tomates, l'oignon, l'avocat, etc.)
- Sauce à base de crème aigre, citron vert et coriandre (pour la garniture)

- Coriandre fraîche, pour la garniture
- Limes en quartiers (pour servir)
- Salsa (pour servir, au goût)

Instructions pour la fermentation :

1. Préparation du poisson : Coupez le poisson en morceaux de taille appropriée. Assurez-vous que les morceaux sont propres et sans arêtes.
2. Salage initial : Saupoudrez les morceaux de poisson avec le sel des deux côtés. Laissez reposer pendant 30 minutes à température ambiante pour drainer l'excès d'humidité.
3. Rincez le poisson : Après 30 minutes, rincez soigneusement le poisson à l'eau froide pour éliminer le sel.
4. Préparation de la saumure : Dans un bol, mélangez 125 ml d'eau, 20 g de sucre, le gingembre râpé, l'ail haché et les piments rouges hachés. Mélangez pour former une saumure.
5. Fermentation : Placez les morceaux de poisson dans un récipient hermétique. Versez la saumure sur les morceaux de poisson pour les immerger complètement. Fermez hermétiquement le récipient pour éviter l'entrée d'air.
6. Laissez fermenter : Placez le récipient dans un endroit frais et à l'abri de la lumière directe du soleil. Laissez le poisson fermenter pendant 2 à 4 jours, en vérifiant régulièrement le goût. La durée de fermentation dépendra de votre préférence pour le niveau de saveur.
7. Contrôlez la fermentation : Pendant la période de fermentation, goûtez le poisson régulièrement pour déterminer le niveau de fermentation souhaité. Il devrait développer une saveur acidulée, épicée et umami au fil du temps.
8. Réfrigérez : Une fois que le poisson a atteint la saveur désirée, réfrigérez-le pour arrêter le processus de fermentation.

Instructions pour la préparation des tacos de maïs :

1. Réchauffez les tortillas de maïs selon les instructions de l'emballage.
2. Préparez les légumes pour la garniture, y compris la laitue, les tomates, l'oignon, l'avocat, etc.
3. Préparez une sauce à base de crème aigre, de jus de citron vert et de coriandre fraîche pour la garniture.
4. Pour assembler les tacos, placez une portion de poisson fermenté sur chaque tortilla de maïs. Ajoutez les légumes de votre choix, la sauce à la crème aigre, la coriandre fraîche, et servez avec des quartiers de lime et de la salsa.

Poisson Kimchi Fermenté Épicé

Temps de préparation : 30 minutes | Temps de fermentation : 3 à 5 jours (ajustable) | Temps d'infusion : 2 heures

Ingrédients :

- 500 g de poisson (comme le maquereau, la truite ou le saumon), coupé en morceaux
- 2 cuillères à soupe de sel
- 1/2 tasse de kimchi (fait maison ou acheté en magasin)
- 2 cuillères à soupe de pâte de piment gochugaru
- 2 cuillères à soupe de sucre
- 2 gousses d'ail, hachées
- 2 cuillères à soupe de gingembre frais râpé
- 2 oignons verts, hachés
- 1 cuillère à soupe de sauce de poisson (Nam Pla)

Instructions pour la fermentation :

1. **Préparation du poisson** : Coupez le poisson en morceaux de taille appropriée. Assurez-vous que les morceaux sont propres et sans arêtes.
2. Salage initial : Saupoudrez les morceaux de poisson avec le sel des deux côtés. Laissez reposer pendant 30 minutes à température ambiante pour drainer l'excès d'humidité.
3. Rincez le poisson : Après 30 minutes, rincez soigneusement le poisson à l'eau froide pour éliminer le sel.
4. Préparation du kimchi : Hachez le kimchi en morceaux de taille appropriée, en conservant le jus.
5. **Préparation de la marinade** : Dans un bol, mélangez la pâte de piment gochugaru, le sucre, l'ail haché, le gingembre râpé, les oignons verts hachés, et la sauce de poisson. Ajoutez le kimchi haché et mélangez bien pour créer une marinade épicée.
6. Marinade : Placez les morceaux de poisson dans un récipient hermétique. Versez la marinade kimchi sur les morceaux de poisson pour les recouvrir complètement.
7. **Fermeture hermétique** : Fermez hermétiquement le récipient pour éviter l'entrée d'air.
8. Fermentation : Placez le récipient dans un endroit frais et à l'abri de la lumière directe du soleil. Laissez le poisson mariner pendant 3 à 5 jours, en vérifiant régulièrement le goût. La durée de fermentation dépendra de votre préférence pour le niveau de saveur.
9. **Contrôlez la fermentation** : Pendant la période de fermentation, goûtez le poisson régulièrement pour ajuster le niveau de fermentation. Le poisson doit développer une saveur épicée et umami.
10. Réfrigérez : Une fois que le poisson a atteint la saveur désirée, réfrigérez-le pour arrêter le processus de fermentation.

Printed in France by Amazon
Brétigny-sur-Orge, FR

16773598R00071